LESENDE DÄMONEN

AF565160

IFK Internationales Forschungszentrum
Kulturwissenschaften / Kunstuniversität Linz in Wien

lectures & translations

Hg. von Thomas Macho

JAKOB MOSER

Lesende Dämonen

Schrift als Versuchung

TURIA + KANT
WIEN – BERLIN

Detail: Bernardo Parentino, *Versuchungen des hl. Antonius*.

GALLERIA DORIA PAMPHILJ, ROM.

Inhalt

Pandämonium der Phantasmagorie *9*

Wüste versus Bibliothek *19*

Kampf um das Buch *28*

Leseszenen *40*

Lesende Dämonen *55*

Aufschreibesysteme *72*

Alphabetisierung der Hölle *84*

Fäkalphantasien *99*

Mönchsmaskerade *109*

Parasiten der Schrift *123*

Satan zitiert Gott *135*

Teuflische Theologin *148*

Dämonischer Schriftsinn *158*

Verinnerlichte Versuchungen *174*

Reformation der Schrift *194*

Moderner Lesewahn *212*

Wiederkehr des Verdrängten *231*

Danksagung *247*

Bibliographie *251*

Bildnachweis *270*

Pandämonium der Phantasmagorie

Als sich der ägyptische Asket Antonius gegen Ende des 3. Jhd.s n. Chr. zur spirituellen Läuterung in die Wüste zurückzog, wurde er laut antiken Legenden vom Teufel und seinen Dämonen in Versuchung geführt. Trügerische Gedanken, verführerische Phantome und furchteinflößende Phantasmen tauchten von Geisterhand auf, um den christlichen Eremiten von seiner Gottesliebe abzubringen. Athanasius von Alexandria, der erste und einflussreichste Hagiograph des Heiligen, berichtet in seiner *Vita Antonii* (um 360), dass der Teufel Antonius zunächst durch weltliche Erinnerungen quälte und eine »Staubwolke an Gedanken« (*koniortòs logismōn*) aufwirbelte.[1] Dann nahm der Feind körperliche Gestalt an und erschien als reizende Frau oder schwarzer Knabe.[2] Als sich Antonius in ein altes Grab am Rande der Zivilisation einschloss, wurde er brutal von Dämonen verprügelt, die schließlich als ohren-

---

[1] Vgl. Athanasius von Alexandrien, *Vita Antonii/Leben des Antonius*, gr./dt., komm. u. übs. v. Peter Gemeinhardt, Freiburg i. Br. 2018, 5,2-3.

[2] Allgemein zur Dämonisierung des weiblichen Geschlechts und der schwarzen Hautfarbe in der frühchristlichen Hagiographie: David Brakke, *Demons and the Making of the Monk. Spiritual Combat in Early Christianity*, Cambridge Mass. 2006, S. 157ff.

betäubende Meute wilder Tiere über den Geschändeten herfielen:

> Denn der Teufel kann mit Leichtigkeit für seine Bosheit Gestalten annehmen. Sie veranstalteten also des Nachts ein solches Getöse, dass jener Ort zu erbeben schien. Die Dämonen schienen durch die vier Mauern des Häuschens, als ob sie diese regelrecht einreißen wollten, einzudringen, verwandelt in Phantasmen von wilden Tieren und Schlangen. Und der Ort war sofort erfüllt von Phantasmen von Löwen, Bären, Leoparden, Stieren, Nattern und Aspisschlangen, Skorpionen und Wölfen. Und jedes von ihnen bewegte sich nach eigener Weise. Der Löwe brüllte und wollte ihn anspringen, der Stier schien mit den Hörnern nach ihm zu stoßen, die Natter kroch auf ihn zu, erreichte ihn aber nicht, und der Wolf stürzte los, wurde aber aufgehalten. Und ganz furchterregend war das Wüten dieser Erscheinungen und das Lärmen ihrer Stimmen. Antonius aber, der von ihnen zerpeitscht und zerstochen wurde, nahm zwar den überaus schlimmen körperlichen Schmerz wahr; doch lag er vielmehr wach und ohne Furcht in seiner Seele dar. Er seufzte aufgrund des Leidens des Körpers, war aber bei klarem Verstand und sagte, wie um sie zu verspotten: »Wenn in euch Kraft wäre, würde es ausreichen, wenn auch nur einer von euch käme. Aber da euch der Herr entmachtet hat, versucht nur, durch eure Vielzahl Angst einzujagen! Es ist freilich ein Zeichen eurer Schwäche, dass ihr die Gestalten vernunftloser Wesen nachahmt.«[3]

---

[3] Athanasius, *Vita Antonii*, 9,4-7: »Εὔκολον δὲ τῷ διαβόλῳ τὰ εἰς κακίαν σχήματα. Τότε δὴ οὖν ἐν τῇ νυκτὶ κτύπον μὲν τοιοῦτον ποιοῦσιν ὡς δοκεῖν πάντα τὸν τόπον ἐκεῖνον σείεσθαι. Τοὺς δὲ τοῦ οἰκίσκου τέσσαρας

Die Dämonen verwandeln sich, nachdem alle inneren Versuchungen in Form von Erinnerungsbildern und Gedanken (*logismoí*) scheiterten, in akustische und visuelle Phantasmen (*phantasíai*). Denkt man sich figurative Wandbemalungen der Grabkammer hinzu, dann wird das heidnische Bestiarium der Unterwelt lebendig.[4] Die Dämonen schlüpfen indes nicht nur in die Gestalt von unvernünftigen Tieren, sie werden im Laufe der *Vita Antonii* auch zu Ungeheuern, Giganten, Fabelwesen, Soldaten oder heimtückischen und wahrsagenden Mönchen.[5] Wäh-

---

τοίχους ὥσπερ ῥήξαντες οἱ δαίμονες, ἔδοξαν δι᾽αὐτῶν ἐπεισέρχεσθαι, μετασχηματισθέντες εἰς θηρίων καὶ ἑρπετῶν φαντασίαν. Καὶ ἦν ὁ τόπος εὐθὺς πεπληρωμένος φαντασίας λεόντων, ἄρκτων, λεοπάρδων, ταύρων καὶ ὄφεων καὶ ἀσπίδων καὶ σκορπίων καὶ λύκων. Καὶ ἕκαστον μὲν τούτων ἐκινεῖτο κατὰ τὸ ἴδιον σχῆμα. Ὁ λέων ἔβρυχε θέλων ἐπελθεῖν, ὁ ταῦρος ἐδόκει κερατίζειν, ὁ ὄφις ἕρπων οὐκ ἔφθανε, καὶ ὁ λύκος ὁρμῶν ἐπείχετο. Καὶ ὅλως δεινοὶ πάντων ἦσαν ὁμοῦ τῶν φαινομένων οἱ θυμοὶ καὶ τῶν φωνῶν οἱ ψόφοι. Ὁ δὲ Ἀντώνιος, μαστιζόμενος καὶ κεντούμενος παρ᾽αὐτῶν, ᾔσθετο μὲν δεινοτέρου πόνου σωματικοῦ. Ἀτρέμας δὲ μᾶλλον τῇ ψυχῇ γρηγορῶν ἀνέκειτο. Καὶ ἔστενε μὲν διὰ τὸν τοῦ σώματος πόνον, νήφων δὲ τῇ διανοίᾳ καὶ ὥσπερ χλευάζων ἔλεγειν: ›Εἰ δύναμίς τις ἦν ἐν ὑμῖν, ἤρχει καὶ μόνον ἐξ ὑμῶν ἕνα. Ἐπειδὴ δὲ ἐξενεύρωσεν ὑμᾶς ὁ Κύριος, διὰ τοῦτο κἄν τῷ πλήθει πειράζετέ πως ἐκφοβεῖν. Γνώρισμα δὲ τῆς ἀσθενείας ὑμῶν τὸ τὰς ἀλόγων ὑμᾶς μιμεῖσθαι μορφάς.‹« Hier wie in allen folgenden Zitaten der *Vita Antonii* adaptiere und modifiziere ich die Übersetzung von Gemeinhardt.

4 Vgl. Jacques Lacarrière, *Les hommes ivres de Dieu*, Paris 1983, S. 62.

5 Einen Überblick und eine nützliche Kategorisierung aller dämonischen Erscheinungen in der *Vita Antonii* bietet: Plácido Alvarez, »Demon Stories in the *Life of Anthony* by Athanasius«, in: *Cistercian Studies Quaterly*, 33 (1998), S. 101-114.

rend der Heilige das Martyrium Christi imitiert, ahmen die Dämonen alle erdenklichen Geschöpfe nach und schaffen dadurch ein Pandämonium, eine teuflische zweite Schöpfung, die den geistigen Blick auf den göttlichen Schöpfer verstellt.

Allerdings haben diese *phantasíai* wie die Dämonen selbst einen zwiespältigen Status: Sie überwältigen durch schmerzliche Körperlichkeit und sind trotzdem seltsam schlaff und machtlos. Einmal bringen sie Antonius fast um, dann halten ihre Angriffe wieder inne; die Hörner, Klauen und Zähne der wilden Tiere erreichen den Heiligen nicht. Ihre Vielzahl, ihre Bestialität und ihr Lärm sind bloß Zeichen ihrer Ohnmacht. Christus hat die Dämonen und heidnischen Götter entmachtet und doch leben sie bedrohlich fort; ohne ihr Schreckbild wäre die Sehnsucht nach dem christlichen Heil sogar sinnlos. Darüber hinaus existieren die dämonischen *phantasíai* zwar außerhalb unseres Kopfes (sie haben einen Luftkörper), können sich aber, wie Athanasius weiß, geschickt unseren inneren Vorstellungen, Ängsten und Wünschen anpassen.[6] Manchmal sind die Dämonen, die Antonius überfallen, für Umstehende nur hör-, aber nicht sichtbar.[7] Dennoch ist ihr Erscheinen nicht rein subjektiv. Sie existieren physisch und gleichsam objektiv.[8] Wenn die Wüste, in die

---

6 Vgl. Athanasius, *Vita Antonii*, 42,5f.

7 Vgl. ebd., 13,3f.

8 Als Modell monastischer Askese und Lektüre initiiert Antonius eine »Dramatisierung der Sinnlichkeit«, die sich weder als »subjek-

sich frühchristliche Asketen und Asketinnen zurückziehen, wie Platons Höhle ein Schattentheater ist,[9] dann haben die Schattenbilder der Dämonen ein Eigenleben, das die Grenzen der menschlichen Wahrnehmung und Psyche übersteigt. Die Wüste des Antonius liegt diesseits einer definitiven Spaltung von Innen- und Außenwelt; sie ist nicht bloß eine psychische Projektionsfläche, sondern eine physische Produktionsstätte von Phantasmen.

Insofern Antonius allen Versuchungen heroisch widerstand, wurde er rückwirkend zu einem »Vater der Mönche« und zu einem »Heiligen der Imagination«[10] stilisiert. Seine Legende, die rasch Verbreitung fand und als Blaupause späterer Hagiographien diente, galt über ein Jahrtausend als monastisches Modell individueller und kollektiver Askese.[11] Zugleich verlieh Antonius' spekta-

---

tiv« noch als »objektiv« klassifizieren lässt: Niklaus Largier, *Die Kunst des Begehrens. Dekadenz, Sinnlichkeit und Askese*, München 2007, S. 63f. Die Entwicklung der Auffassung der Dämonen verläuft historisch tendenziell von der Objektivierung über das Weder-Noch zu einer Subjektivierung der Dämonen.

9 Vgl. Lacarrière, *Les hommes ivres de Dieu*, S. 59.

10 Dieser Ausdruck stammt von: Jörg Jochen Berns, »Der Heilige der Imagination. Antonius Abbas und seine Entdeckung durch die Maler des 15. bis 17. Jahrhunderts«, in: Elmar Locher u. Hans Jürgen Scheuer (Hg.), *Archäologie der Phantasie*, Innsbruck/Bozen 2012, S. 249-274, S. 250f.

11 Einen raschen Überblick über die Rezeption der Antonius-Vita und ihren Einfluss auf andere Heiligenlegenden bietet: Peter Gemeinhardt, *Antonius. Der erste Mönch. Leben – Lehre – Legende*, München 2012, insb. S. 138ff.

kulärer Dämonenkampf die künstlerische Lizenz, den Wildwuchs heidnischer Phantasmen im Schutzraum der Kirche zu kultivieren. Antonius avancierte früh zu einem Lieblingssujet phantastischer Literatur und Kunst *avant la lettre*.[12] Wie kaum eine andere Figur christlicher Legenden personifiziert er seither das Problem der Phantasmagorie und provoziert Fragen nach dem Wesen und Unwesen teuflischer Trugbilder. Von der antiken Heiligenvita bis zum modernen Romanexperiment – von Athanasius bis Flaubert –, vom byzantinischen Fresko bis zum surrealen satirischen Farbfilm – von der Wandmalerei in Santa Maria Antiqua[13] bis zu Fellinis Film *Le tentazioni del Dottor Antonio* –, lotet die Gestalt des hl. Antonius bis in die Gegenwart die Grenzen des Vor- und Darstellbaren aus.

Vorliegender Versuch[14] nähert sich diesem Pandämonium der Phantasmagorie auf dem Schleichweg eines

---

[12] Vgl. Roger Callois, *A cœur de fantastique*, Paris 1965, S. 12ff; u. Hans Holländer, »Wunderbare und seltsame Sachen. Antonius und die Versuchungen der Malerei«, in: Christine Ivanovic, Jürgen Lehmann, Markus May (Hg.), *Phantastik – Kult oder Kultur*, Stuttgart 2003, S. 75-94.

[13] Die älteste bekannte Darstellung der Versuchungen des Antonius findet sich auf einem fragmentarischen Fresko aus dem 10. Jhd. in der Kirche Santa Maria Antiqua in Rom, das vermutlich von griechischen Mönchen gemalt wurde. Es zeigt die zitierte Szene, in der Antonius im Grab von Dämonen aufgesucht wird: Vgl. Joseph Wilpert, *Die römischen Mosaiken und Malereien kirchlicher Bauten vom IV.-XII. Jahrhundert*, Freiburg i. Br. 1916, Bd. 2., S. 717f, Abbildung: Bd. 4, S. 227.

[14] Meine Vorstudie zu diesem Buch erschien als englischsprachiger

scheinbar nebensächlichen Details der Antonius-Ikonographie: So taucht an der Schwelle vom Spätmittelalter zur Frühen Neuzeit in Buchmalereien, Gemälden und Graphiken, welche die Versuchungen des Heiligen visualisieren, wiederholt das rätselhafte Motiv lesender Dämonen auf. Die Wüstenlandschaft spielt in dieser Ikonographie nur selten eine Rolle, sie wird oft durch bewässerte und besiedelte Landschaften, klösterliche Kulissen oder Interieurs ersetzt. Die radikale Askese des Frühchristentums, die meist nur noch aus Büchern bekannt ist, wird zur zeitgenössischen Leseszene. Die Versuchungen der Schrift, die Athanasius und andere Autoritäten erwähnen, rücken in den Vordergrund und verdecken die Versuchungen der Wüste. Antonius wird nun häufig als Leser dargestellt, der von Phantasmen bedrängt und belauert wird. Manchmal mischen sich lesende Dämonen in das groteske Gewimmel höllischer Tiere, Mischwesen, Monster, maskierter Mönche, leuchtender Luxusgüter und liebestoller Leiber, die den lesenden Antonius umzingeln. Diese seltenen wie seltsamen Leser fanden bislang kaum Beachtung.[15] Sie gefährden die geistliche Lebensform des

---

Artikel: »Bookish Demons. Scriptural Temptations in the Late Medieval and Early Modern Iconography of St. Anthony«, in: *Zeitsprünge. Forschungen zur Frühen Neuzeit*, 26 (2022), S. 88-127.

[15] Die lesenden Dämonen wurden, wie wir sehen werden, zwar in kunsthistorischen Analysen einzelner Kunstwerke erwähnt, ihre werkübergreifende Motivik und ihr theologischer Hintergrund blieben aber unterbelichtet.

Heiligen, indem sie seine meditative Lektüretätigkeit (*lectio divina*) – das repetitive »wiederkäuende« Lesen (*ruminatio*) der Bibel bzw. eines Gebetsbuchs – imitieren, parodieren, pervertieren. Obwohl es sich bei den lesenden Dämonen zumeist um Randfiguren handelt, werfen sie doch Fragen auf, die eine theozentrische Hermeneutik im Kern erschüttern: Warum werden die Dämonen von der Heiligen Schrift, die sie eigentlich fürchten und fliehen müssten, magisch angezogen? Wie lesen und deuten Dämonen das Wort Gottes? Lassen sich teuflische und göttliche Lesarten überhaupt unterscheiden? Versinnbildlichen die dämonischen Phantasmen, die Antonius überfallen, bloß äußere Störfaktoren, die ihn von seiner Lektüre ablenken, oder verkörpern sie nicht vielmehr ein subversives Potenzial, das im Inneren des biblischen Schriftsinns selbst schlummert? Wie lässt sich das Verhältnis von Schrift und Versuchung denken?

Das Buch wird solche Fragen anhand der weitverzweigten und weitreichenden Wirkungsgeschichte der Heiligenlegende verfolgen. Zunächst wird die Entstehung des Bildmotivs lesender Dämonen in die hagiographische und ikonographische Entwicklung eingebettet, ehe seine tieferliegenden dämonologischen Wurzeln erforscht werden. Mittelalterliche und neuzeitliche Bilder der Versuchungen des hl. Antonius werden auf theologisch-hermeneutische Diskurse über den richtigen Gebrauch bzw. Missbrauch der Heiligen Schrift zurückgeführt, die in der Spätantike aufkeimten und für die gesamte monastische

Kultur bestimmend wurden. Sodann wird im letzten Drittel des Buchs die geschichtliche Reichweite und der Endpunkt des untersuchten Motivs anvisiert. Es soll kursorisch gezeigt werden, wie die Versuchungen der Lektüre verinnerlicht und die lesenden Dämonen im Zeitalter der Reformation zunehmend von der Figur dämonischer Lesender verdrängt wurden. Abschließend wird das vorläufige Verschwinden des Motivs in der modernen Literatur und Kunst auf eine Psychologisierung der Phantasmagorie zurückgeführt. Die Auflösung von Athanasius' objektiven *phantasíai* in einem rein subjektiven Phantasiebegriff wird jedoch wiederholt von den Versuchungen der Schrift, die hartnäckig wiederkehren, verhindert.

Dieser geistesgeschichtliche Teufelsritt durch unterschiedliche Zeiten, Kontexte und Medien erhebt selbstverständlich keinen Anspruch auf Vollständigkeit. Ziel ist es, die theoretische Spannung und historische Spannweite eines noch unerforschten Motivs überhaupt erstmals aufzuzeigen und zu vermessen. Das Augenmerk der Untersuchung liegt vornehmlich auf der dämonischen Dimension der Lektüre. Dementsprechend wird die visuelle Macht der Bilder, die mich ursprünglich zu meinem Thema verführte, weitgehend ausgeblendet. Als Philosoph und Kulturwissenschaftler klammere ich mich an Texte und bemühe mich, der Augenlust (der augustinischen *voluptas occulorum*)[16] zu widerstehen. Dadurch möchte ich zu den

[16] Die Versuchungen beginnen laut Augustinus mit der fleischlichen

geistigen Fallen, die sich oftmals hinter der weitaus augenscheinlicheren Ebene fleischlicher Begierden verbergen, vordringen. Aus theologischer Sicht werde ich dabei selbstverständlich wiederholt in die Rolle eines *advocatus diaboli* schlüpfen. Die zahlreichen Abbildungen sollen die einseitige Konzentration auf Texte und argumentative Strategien kompensieren, um im Folgenden nicht nur den Geist, sondern auch das Auge der Leserinnen und Leser in Versuchung zu führen.

(*voluptas oculorum*) und intellektuellen Augenlust (*cupiscientia oculorum*). Sie führen über die Sucht nach sozialer Anerkennung und die krankhafte Eitelkeit bis zu den Versuchungen einer dämonischen Wissenschaft (*doctrina*), die Christus durch Satan ersetzen will. Augustinus, *Confessiones/Bekenntnisse*, lat./dt., übs. v. Joseph Bernhard, Frankfurt a. M. 1987, 10, 34,51ff.

Wüste versus Bibliothek

Antonius ist kein geborener Leser. Athanasius beschreibt ihn nicht unbedingt als Analphabeten, aber doch als »natürlich« und »unverbildet«, als jemanden, der die literarisch-rhetorische Erziehung der Heiden (*paideía*) von Kindheit an verschmähte.[17] Die Bibel, so berichtet Athanasius in der *Vita Antonii*, kannte Antonius nur aus der Dorfkirche, wo er den mündlichen Vortrag der Schriften bis zu einem solchen Grad memorierte, dass ihm das Gedächtnis zum »Ersatz für Bücher« wurde.[18] Augustinus, dessen eigene Bekehrung maßgeblich von der Geschichte des Antonius beeinflusst wurde, führt dieses Bild fort und schreibt, dass der Heilige illiterat (*sine ulla scientia litterarum*) war und die Bibel bloß vom Hören kannte.[19] Sollte

---

[17] Vgl. Peter Gemeinhardt, »Translating *Paideia*: Education in the Greek and Latin Versions of the *Life of Antony*«, in: Lillian Larsen u. Samuel Rubenson (Hg.), *Monastic Education in Late Antiquity. The Transformation of Classical Paideia*, Cambridge 2018, S. 33-52, insb. S. 34f. Ein ganz anderes Bild zeigen allerdings die Briefe, die Antonius zugeschrieben wurden und die den Heiligen als gebildeten Theologen ausweisen. Diese Briefe, deren Echtheit umstritten ist, wurden von Rubenson übersetzt und kommentiert: Samuel Rubenson (Hg.), *The Letters of St. Anthony, Monasticism and the Making of a Saint*, Minneapolis 1990.

[18] Vgl. Athanasius, *Vita Antonii*, 3,7.

[19] Vgl. Augustinus, *De doctrina christiana,* praef. 4,8. Text: *De doc-*

es stimmen, dass der historische Antonius kein Griechisch verstand, wie der Bischof Palladius von Helenopolis in seiner Geschichte des frühen Mönchstums behauptet,[20] dann kannte er die Bibel nur aus koptischen Übertragungen und hatte darüber hinaus keinen Zugang zu einer klassischen philosophischen und theologischen Bildung. In einer Anekdote, die der Mönchstheologe Evagrius Ponticus überliefert, erscheint Antonius folgerichtig als Feind und Fremdling der Bücherwelt: Als ein Philosoph den Eremiten fragt, wie er denn ohne den »Trost der Bücher« leben könne, antwortet dieser angeblich: »Mein Buch, oh Philosoph, ist die Natur der Geschöpfe und es ist zugegen, wenn ich darin die Worte Gottes zu lesen wünsche.«[21] Die uralte Metapher vom *Buch der Welt* demarkiert die Wüste als eine oral geprägte Gegenwelt zur hellenistisch-römischen Büchergelehrsamkeit,[22] die bekanntlich in Ale-

trina christiana, lat./engl., hg. und übs. v. R. P. H. Green, Oxford 1995.

[20] Vgl. Palladius von Helenopolis, *Historia Lausiaca/Geschichten aus dem frühen Mönchtum*, gr./dt., übs. u. komm. v. Adelheid Hübner, Freiburg i. Br. 2016, 21,16.

[21] Vgl. Evagrius Ponticus, *Praktikos*, 92: »τὸ ἐμὸν βιβλίον, φιλόσοφε, ἡ φύσις τῶν γεγονότων ἐστί, καὶ πάρεστιν ὅτε βούλομαι τοὺς λόγους ἀναγινώσκειν τοὺς τοῦ Θεοῦ.« Text: *Traité pratique ou le moin*, gr./fr., hg. u. übs. v. Antoine u. Claire Guillaumont, Bd. 2 (SCh 171), Paris 1971. Ich modifiziere die Übersetzung von Bunge: *Der Praktikos*, komm. u. übs. v. Gabriel Bunge, Beuron 2008.

[22] Das ist meines Wissens die erste radikale Gegenüberstellung von wortwörtlichen Büchern und dem metaphorischen Buch der Welt. Die Idee eines himmlischen Buchs oder eines Buchs der Geschöpfe ist

xandria prachtvoll blühte. Als Theodidakt vernimmt Antonius das lebendige Wort und befreit sich vom toten Medium der Schrift. Er macht Ernst mit der platonischen Schriftkritik, welche die Fremdheit, Äußerlichkeit, Abhängigkeit und »Vaterlosigkeit« der Schrift gegenüber der lebendigen Erinnerung und Stimme verdammt,[23] und kündigt damit zugleich die philosophische Tradition auf. Als Antisophist und Antiphilosoph wird Antonius zum Leseasket und lässt auf seinem Weg in die Wüste alle Bücher hinter sich.[24]

Solchen Legenden zum Trotz wurde Antonius auf bildlichen Darstellungen zum Leser und Statthalter des geschriebenen Wortes. Bereits auf dem ältesten bekannten Bild des Heiligen, auf einer Wandmalerei aus dem 6./7. Jhd., die sich im koptischen Kloster Apa Apollo in Bawit (Mittelägypten) befindet, steht dieser neben seinem Hagiographen Athanasius und hält wie dieser stolz einen prunkvollen Kodex in der Hand.[25] Wie zahllose Heilige,

---

freilich älter. Hierzu: Hans Blumenberg, *Die Lesbarkeit der Welt*, Frankfurt a. M 1986, S. 24-35.

23 Vgl. Platon, *Phaidros*, in: ders., *Werke in 8 Bänden*, gr./dt., übs. v. Friedrich Schleiermacher u. Dietrich Kurz, Bd. 5, Darmstadt 1981, 275a-276a.

24 Antonius wies der Legende nach heidnische (platonische) Philosophen und Bildungsbürger zurück, die mit ihm diskutieren wollten. Für den gesunden Verstand, so argumentiert Antonius, ist das Buchstabenwissen (*tà grámmata*) überflüssig: Athanasius, *Vita Antonii*, 73, 3.

25 Vgl. Thelma K. Thomas, »The Honorific Mantle as Furnishing for the Household Memory in Late Antiquity. A Case Study from the

Klostergründer und Kirchenväter wird Antonius in der ikonographischen Tradition oft mit einem Buch oder einer Papyrusrolle porträtiert. Auf diese Weise wird seine geistliche Autorität und Nähe zum göttlichen Wort veranschaulicht. Die Schrift in den Händen des Antonius ist das Ergebnis einer widersprüchlichen Dialektik, die der Heiligenfigur von Anfang an eingeschrieben ist. Seit Athanasius' hagiographischem Wurf pendelt Antonius permanent zwischen dem Prototyp eines einzelgängerischen Wüstenbewohners und dem eines Gründervaters des zönobitischen Mönchstums, zwischen dem Prototyp eines anarchischen Aussteigers und dem Spiegelbild kirchlicher Orthodoxie.[26] Wie alle legendären »Wüstenväter« und »Wüstenmütter«[27] wird Antonius im Zuge dieser Dialektik in eine Serie von Paradoxa verstrickt: Indem er vor der Kultur in die Wüste flüchtet, kultiviert er die Wildnis; indem er vor den Menschen und Städten flieht, lockt er immer mehr sinnsuchende Menschen in die Wüste, die selbst zur »Stadt der Mönche« wird.[28] Antonius wird wie andere Eremiten, die einst allen Büchern den Rücken kehr-

---

Monastery of Apa Apollo at Bawit«, in: *Dumbarton Oaks Papers*, 73 (2019), S. 355-388, S. 357f.

[26] Antonius wurde schon früh für kirchenpolitische und monastische Zwecke eingespannt. Siehe: David Brakke, *Athanasius and the Politics of Ascetism*, Oxford 1995, inbs. S. 245ff.

[27] Zur marginalisierten Existenz weiblicher Wüstenasketinnen: Laura Swan, *The Forgotten Desert Mothers. Sayings, Lives, and Stories of Early Christian Women*, New York/Mahwah 2001, S. 5-19.

[28] Vgl. Athanasius, *Vita Antonii*, 8,2 u. 14,7.

ten, schlussendlich selbst zum geistlichen und geistreichen Lesestoff. In den Sprüchen und Lebensbeschreibungen frühchristlicher Wüstenasketen und Wüstenasketinnen, die im Laufe der Zeit in den wirkmächtigen Schriftsammlungen der sogenannten *Vitae patrum* zusammengetragen wurden, gerinnt die Weisheit der Wüste zum Kernbestand klösterlicher Bibliotheken. Schon die *Regula Benedicti* (um 540) empfiehlt neben Cassians *Collationes patrum* die Lektüre der *Vitae patrum*.[29]

Als eine der ersten und einflussreichsten christlichen Heiligengeschichten überhaupt ging Athanasius' *Vita Antonii* gemeinsam mit einer Handvoll überlieferter Sprüche des Heiligen in das Corpus der *Vitae patrum* ein. Antonius gehört damit zum hagiographischen Grundwortschatz monastischer Narrative und Lebensformen.[30] Dieser Umstand färbte im Laufe der Zeit auf die Legendenbildung selbst ab: So erscheint der Heilige in der *Legenda breviarii* (auch *Patras-Legende* genannt), einer Version seiner Legende, die ab dem 10. Jhd. populär wurde, nicht mehr wie bei Athanasius als mehr oder weniger einsamer

---

[29] Vgl. *Benedicti regula/Die Benediktsregel*, lat./dt., übs. v. Gernot Krapinger, Stuttgart 2009, 73,5.

[30] Vgl. Derwas J. Chitty, *The Desert a City. An Introduction to the Study of Egyptian and Palestinian Monasticism under the Christian Empire*, Oxford 1996, S. 1-19; Jean Leclercq, »Saint Antoine dans la tradition monastique médiévale«, in: Basilius Steidle (Hg.), *Antonius magnus Eremita* (Studia Anselmiana, Bd. 38), Rom 1959, S. 229-247.

Wüstenerеmit, sondern als Abt eines Klosters, das sich in der (fiktiven) Stadt Patras befindet. Gleich zu Beginn dieser mittelalterlichen Legende flüchtet Antonius auf Anraten eines Engels mit einer kleinen Kohorte von Mönchen aus dem Kloster, da ihn seine Verpflichtungen zunehmend ermüden und er sich nach mehr Einsamkeit sehnt.[31] Das Klosters verwandelt sich vom historischen Endergebnis zum legendären Ausgangspunkt der wunderlichen Abenteuer, die Antonius mit seinen Brüdern in der Wüste erlebt. In einer längeren Variante der *Legenda breviarii* wird in einem Kapitel auch die Kindheit des späteren Abtes erzählt. Bezeichnenderweise heißt es nun, dass Antonius mit sieben Jahren lesen lernte, um fortan Tag und Nacht die Heiligen Schriften zu studieren.[32] Vergleichbar heißt es in der *Legenda mirabilis*, einer Antonius-Legende, die der Dominikaner Alphonsus Bonihominis im 14. Jhd. aus dem Arabischen ins Lateinische übersetzte, dass Antonius schon als Zehnjähriger jede (weltliche) Wissenschaft kannte (*sciebat omnem scientiam*) und als Elfjähriger dann alle geistlichen Schriften, die er in der Kirche fand, auszulegen wusste.[33]

---

[31] Zur Entstehung und Inhalt dieser Legende: Laura Fenelli, *Dall'eremo alla stalla. Storia di sant'Antonio abate e del suo culto*, Rom/Bari 2011, S. 13f.

[32] Vgl. *Legenda breviarii,* app. 1.1. Text: Pieter Noordeloos, François Halkin (Hg.), »Une histoire latine de S. Antoine. La ›Légende de Patras‹«, in: *Analecta Bollandiana*, Vol. 61 (1943), S. 211-250.

[33] Vgl. Alphonsus, *Legenda mirabilis*, 50. Text: François Halkin

Abb. 1: Robin Fournier, *Vita et acta Antonii abbatis*, Ms. 1, fol. 6r.

NATIONAL LIBRARY OF MALTA, LA VALETTA.

Diese Leseszene wird im bedeutendsten spätmittelalterlichen »Bilderbuch« einer Antoniusvita, in der *Vita et acta Antonii abbatis* (1426), dargestellt. Das Manuskript, auf das ich noch öfter zu sprechen kommen werde, kompiliert unterschiedliche hagiographische Quellen und wurde von dem französischen Buchmaler Robin Fournier kunstvoll illuminiert.[34] Auf dem Blatt, das der *Legenda mirabilis* folgend die Kindheit des Antonius erzählt, brütet der heilige Teenager unter Beihilfe des Heiligen Geistes und eines Engels über sakralen Texten, indes ein Mönch im Freien mit zwei bärtigen Männern diskutiert (Abb. 1). Auch wenn an späterer Stelle in der *Vita et acta* unter Verweis auf Augustinus erinnert wird, dass Antonius eigentlich illiterat war, fällt doch deutlich ins Auge, wie er vom unverbildeten Zivilisationsverweigerer zum christlichen Wunderkind aufsteigt. Doch nicht nur Antonius wird von Leselust gepackt: Auf Gemälden aus dem 14. und 15. Jhd., die Szenen der *Vitae patrum* versammeln, wimmelt die ganze Landschaft von Wüstenvätern. Die »Gottesmänner«, welche die Darstellung der ägyptischen Thebais bevölkern, lesen in allen nur erdenklichen Posen und Situationen: Stehend, auf Felsen, Karren oder Sänften sitzend,

---

(Hg.), »La légende de saint Antoine traduit de l'arabe par Alphonse Bonhome, O. P.«, in: *Analecta Bollandiana*, 60 (1942), S. 143-212.

[34] Einen Überblick über das Manuskript bietet: Rose Graham, »A Picture-Book of the Life of St. Anthony the Abbot, executed for the Monastery of Saint Antoine de Viennoise in 1426«, in: *Archeologia or Miscellaneous Tracts relating to Antiquity,* 83 (1933), S. 1-26.

auf Schiffen segelnd usw.[35] Der Schatten der Bibliothek dringt weit in die Wüste. Die Versuchungen der Wüste werden zum Bühnenbild der Lektüre.

[35] Mehrere dieser Thebais-Darstellungen finden sich in: Alessandra Malquori, *Il giardino dell'anima. Ascesi e propaganda nelle Tebaidi fiorentine del Quattrocento*, Florenz 2012.

Kampf um das Buch

Schon in der koptischen und byzantinischen Malerei taucht das Buch als Attribut des Antonius auf. Als sich die Antonius-Ikonographie im Windschatten des Antoniter-Ordens allmählich im gesamten mittelalterlichen Europa ausbreitete, gehörte das Buch zum volkstümlichen Repertoire des Heiligen. Die Bruderschaft der Antoniter, die Ende des 11. Jhd.s im Umfeld der Verehrung der Reliquien des Heiligen in der südostfranzösischen Dauphiné entstand (in der heutigen Ortschaft Saint-Antoine-l'Abbaye), gewann ab dem späten 13. Jhd. zunehmend an Einfluss.[36] Mit dem Aufschwung des Ordens, der im 15. Jhd. seinen Höhepunkt erreichte, wurden die bildlichen Darstellungen des Heiligen standardisiert: Neben einem T-förmigen Eremitenstab, einem T-Abzeichen, einer kleinen Glocke, einem Rosenkranz, einem Schwein und lodernden Flammen etablierte sich das Gebetsbuch als eines der beliebtesten Attribute des Heiligen.[37] Die meisten dieser Attribute waren aufs Engste mit der Praxis und Symbolik der Antoniter verknüpft, welche das Privileg hatten, Schweine auf Kosten der Allgemeinheit zu halten, und de-

---

[36] Vgl. Adalbert Mischlewski, *Grundzüge der Geschichte des Antoniterordens bis zum Ausgang des 15. Jahrhunderts*, Köln 1976, S. 17-79.

[37] Vgl. Fenelli, *Dall'eremo alla stalla*, S. 112f.

ren Aufgabe v. a. darin bestand, die Opfer der dämonischen Krankheit des Antoniusfeuers (*ignis sacer*) zu pflegen.[38] Vor dem Hintergrund dieser spezifischen Aktivitäten der Antoniter erscheint das Buch als äußerst allgemeines Attribut, das die Aufgaben der Predigt und des Gebets konnotiert. Es veranschaulicht die devote Haltung des Heiligen gegenüber dem Gotteswort und das, obwohl der geschichtliche Antonius wohl keine Bücher brauchte und besaß, wie noch Aymar Falco, ein bedeutender Historiker des Antoniter-Ordens, Mitte des 16. Jhd.s bemerkt.[39] Was Falco wie alle späteren Ikonographen und Ikonographinnen, die nach feststehenden semantischen Korrespondenzen suchen, freilich übersieht, ist, dass das Buch nicht bloß ein starres Attribut, sondern ein narrativer Katalysator ist, der die Konstruktion und Interpretation der Legende beeinflusst und verwandelt.

Wie die Beispiele der *Legenda breviarii* und der *Legenda mirabilis* zeigen, schleicht sich das Attribut des Buchs in die Erzählung ein und erklärt den illiteraten Antonius zum Vielleser und Schriftgelehrten. Darüber hinaus

---

[38] Unter dem *ignis sacer* verstand man außer Geschlechtskrankheiten die Mutterkornvergiftungen (Ergotismus), welche die europäische Bevölkerung bis in die Frühe Neuzeit epidemisch heimsuchten: Vgl. Wolfram Aichinger, *Das Feuer des heiligen Antonius. Kulturgeschichte einer Metapher in Spanien im Kontext der Romania*, Habil., Universität Wien 2005, S. 30ff; Veit Harold Bauer, *Das Antonius-Feuer in Kunst und Medizin*, Heidelberg u. a. 1973, S. 33ff.

[39] Vgl. Fenelli, *Dall'eremo alla stalla*, S. 128f.

entfaltet das Buch sein erzählerisches Potenzial, wenn es im Laufe der ikonographischen Entwicklung wiederholt zwischen die Fronten von Antonius und seinen dämonischen Gegenspielern gerät. Im Konflikt des Heiligen mit dem Teufel und seinen Horden phantastischer Ungeheuer, Fabelwesen und Verführerinnen erweist sich das Buch nicht selten als begehrliches Objekt, das die Kampfhandlung maßgeblich mitbestimmt: In einer Miniatur einer reichbebilderten Antoniusvita aus Bologna, die vermutlich aus der ersten Hälfte des 14. Jhd.s stammt, sehen wir z. B., wie Antonius mit einer kleinen Gruppe von Mönchen mutig einem Drachen entgegentritt und dabei sein rotes Gebetsbuch schützend vor die Brust hält (Abb. 2).[40] Die Szene, die eine Episode der *Legenda breviarii* illustriert, funktionalisiert das Buch zu einem Schutzschild gegen dämonische Mächte. Dahingegen entwendet ein Teufel in einer Miniatur eines französisch-italienischen Stundenbuchs, das aus dem frühen 15. Jhd. stammt, das Buch und dreht den Spieß um. Er schnappt sich, unterdessen zwei andere Teufel Antonius zu Boden reißen und mit Stöcken verprügeln, das Buch, das dem Heiligen beim Sturz entglitten ist, und holt damit zum Schlag aus

[40] Ausführlich über dieses Manuskript, das sich mittlerweile in Privatbesitz findet: Laura Fenelli, »Un manoscritto bolognese del primo Trecento. Testi e immagini per la costruzione dell'iconografia di un santo«, in: Rosa Alcoy (Hg.), *El Trecento en obres. Art de Catalunya i art d'Europa al segle XIV*, Barcelona 2009, S. 385-396.

(Abb. 3).[41] Das Attribut des Buchs verwandelt sich im Zuge der handgreiflichen Auseinandersetzungen göttlicher und teuflischer Mächte in eine buchstäbliche Waffe.

Auch auf dem schwindelerregenden Kupferstich, den Martin Schongauer mutmaßlich um 1470 für die Antoniter von Isenheim anfertigte, dreht sich der kosmische Kampf um das Buch.[42] Der Stich entführt die Versuchungen in die Luft, wo Antonius in einen organischen Wirbelsturm dämonischer Mischwesen von unübertrefflicher Phantastik gerät (Abb. 4). Laut einer Episode, die sowohl Athanasius in seiner *Vita Antonii* als auch der Dominikaner Jacobus de Voragine in seiner vielgelesenen mittelalterlichen Legendensammlung der *Legenda aurea* (circa 1264) erzählen, wird Antonius, als er in einer Vision von Engeln in die Luft gehoben wurde, von Dämonen am Aufstieg gehindert.[43] Schongauer verschmilzt diese Geschichte mit der Schilderung der Verprügelung des Heiligen durch

---

[41] Cuttler argumentiert ausgehend von dieser Miniatur, dass die Dämonen, die auf den Gemälden von Parentino und Bosch (wie wir gleich sehen werden) das Buch des Heiligen rauben, einen gemeinsamen Ursprung in der italienischen Buchmalerei haben. Vgl. Charles D. Cuttler, »Some Grünewald Sources«, in: *The Art Quarterly* 19 (1957), S. 101-124, insb. S. 106f.

[42] Zur Entstehung und Rezeption des Stichs: Tilman Falk u. Thomas Hirthe (Hg.), *Martin Schongauer. Das Kupferstichwerk. Ausstellung zum 500. Todesjahr, Staatliche Graphische Sammlung München*, München 1991, S. 138-141.

[43] Vgl. Athanasius, *Vita Antonii*, 65.; Jacobus de Voragine, *Legenda aurea/Goldene Legende*, lat./dt., übs. u. komm. v. Bruno W. Häuptli, Freiburg i. Br. 2022, Bd. 1., S. 368

Abb. 2: Bologneser Meister, *Vita Antonii abbatis*, fol. 3v.

PRIVATBESITZ.

Abb. 3: Detail: Gebetsbuch, Ms. 219, fol. 246v.

WALTERS ART GALLERY, BALTIMORE.

Abb. 4: Martin Schongauer, *Antonius von Dämonen gepeinigt.*

METROPOLITAN MUSEUM OF ART, NEW YORK.

die Dämonen. Dabei verzichtet er auf die Engel und hält den Augenblick fest, in dem Antonius auf halbem Weg zwischen Himmel und Erde von den Krallen der Dämonen festgehalten wird. Athanasius berichtet, dass Antonius sich selbst in seiner Vision der Entrückung »wie von außen« (*hōsper éxōthen*) sah. Diesen Umstand nutzt Schongauer aus, wenn er die Betrachter und Betrachterinnen gleichsam in die Position des Heiligen versetzt, der den Peinigungen einerseits distanziert entgegenblickt, andererseits aber körperlich in ihren Sog hineingezogen wird.[44] Neben dem gleichmütigen Gesicht des Heiligen, auf das die Schläge der Dämonen zielen, rückt das Beutelbuch, das exakt in der Bildmitte am Gürtel der Mönchskutte befestigt ist, ins Zentrum der Angriffe. Das Buch markiert sowohl einen Zielpunkt der animalischen Aggressionen als auch einen unangreifbaren Ruhepunkt, der Antonius ins Geistige entrückt. Das passt zu Athanasius' eigener Angabe, dass Antonius gerade beten wollte, als er von der Vision überwältigt wurde. Der mystische *raptus* versinnbildlicht einen dämonischen *raptus interruptus*, eine phantasmatische Unterbrechung des Gebets bzw. der geistlichen Lektüre. Das Buch erscheint nun als physische Beute und psychische Waffe zugleich.

[44] Die physische Wirkung des Stichs betont auch: Tanja Klemm, *Bildphysiologie. Wahrnehmung und Körper in Mittelalter und Renaissance*, Berlin 2013, S. 267ff.

Demgegenüber erstarrt das Buch in der berühmten Versuchungsdarstellung auf dem *Isenheimer Altar* (1512-1516), den Matthias Grünewald einige Jahrzehnte nach Schongauer für die Antoniter von Isenheim malte, in völliger Passivität. Auf der rechten Tafel der innersten Schauseite des Altars, der sich wie ein Buch aufklappen lässt,[45] wird ein brutaler Überfall inszeniert. Während der niedergerissene Antonius von zoomorphen Bestien geprügelt, getreten, gerissen und gebissen wird, krallt sich im Vordergrund eine geheimnisvolle menschliche Gestalt, die eine rote Kapuze trägt und dem Heiligen mit gespreizten Beinen ihr Geschlecht entgegenstreckt, das Beutelbuch (Abb. 5). Es ist umstritten, ob es sich bei dieser Rückenfigur mit Entenfüßen, Blähbauch und pustelübersäter Haut um einen Dämon oder Menschen handelt.[46] Doch unabhängig davon, ob wir die Gestalt als Dämon, als Sinnbild der Unzucht, als lasterhaften Mönch, als Opfer der Syphilis oder des Ergotismus betrachten, sie veranschaulicht (un)mittelbar, wie sich die Mächte des Bösen ein Attribut des Heiligen aneignen. Wie das schildkrötenartige Schuppentier, das mit seinem Schnabel in die Hand des Heiligen

---

[45] Vgl. Giovanni Reale, »Il grande altare di Isenheim di Matthias Grünewald e il suo significato«, in: Giorgio Nonveiller (Hg.), *Estetica del sacro*, Padua 2008, S. 25-46, S. 26f.

[46] Wie Marquard zeigt, war diese Frage für die Deutung des Altars lange Zeit tonangebend: Reiner Marquard, *Matthias Gründewald und der Isenheimer Altar. Erläuterungen – Erwägungen – Deutungen*, Stuttgart 1996, S. 50-54.

Abb. 5: Detail: Matthias Grünewald, *Isenheimer Altar*.

MUSÉE UNTERLINDEN, COLMAR.

beißt, die den Eremitenstab und Rosenkranz umklammert, will der infektiöse Kapuzenmann Antonius von seinem heilbringenden Attribut trennen.[47] Das Attribut des Buchs erscheint in den Händen des Bösen als bloßer Klumpen, dessen zerrissene Haut an diejenige seines Räubers erinnert, die vom Antoniusfeuer versengt wurde.[48] Das Wort Gottes liegt als Beutel und Beute, die jeglicher Heilskraft entbehren, am Boden. Das nackte Zeichen triumphiert für einen hoffnungslosen Augenblick über den göttlichen Sinn der Worte.

Die Verzweiflung über diesen Raub der Heiligen Schrift schlägt sich auch in der Inschrift nieder, die sich auf einem gemalten Zettel im rechten unteren Eck der Tafel befindet: *Ubi eras ihesu bone ubi eras quare non affuisti ut sanares vulnera mea* (»Wo warst Du guter Jesus, wo warst Du? Warum standst Du mir nicht bei, um meine Wunden zu heilen?«). Der Text transkribiert und dramatisiert den Schrei, den Antonius laut *Vita Antonii* bzw. *Legenda aurea* angesichts seiner Schändungen ausstieß und der an die Zweifel des Erlösers am Kreuz erinnert (Mk 15,34, Ps 22,2).[49] Versuchung, körperlicher Schmerz

---

[47] Allgemein über die gängigen Angriffe der Dämonen auf die Attribute des Heiligen: Jean Michel Massing, »Étude iconographique de l'Aggression de Saint Antoine de Grünewald«, in: ders.: *Studies in Imagery*, Bd. 1, London 2004, S. 363-391, S. 381f.

[48] Vgl. Andrée Hayum, *The Isenheim Altarpiece. God's Medicine and the Painter's Vision*, Princeton 1989, S. 20ff.

[49] Grünewald variiert und dramatisiert ein Zitat aus der lateinischen

und spiritueller Zweifel fließen ununterscheidbar ineinander. Der Romancier Joris-Karl Huysmans warf in diesem Kontext in seiner Analyse des *Isenheimer Altars* einst die spannende Frage auf, ob der verzweifelte Schmerzensschrei nicht vielleicht aus dem Mund des elenden Buchräubers stamme.[50] Mit gleichem Recht könnte man ihn aber auf das Buch selbst beziehen, das seinen spirituellen Bedeutungsverlust beklagt. Die Inschrift verbalisiert die Distanz zum göttlichen Wort, die das Beutelbuch wie alle anderen geschändeten Gestalten drastisch veranschaulicht; sie kondensiert den Inhalt des gottverlassenen Schriftträgers.

Übersetzung von Athanasius' *Vita Antonii*. Hierzu: Mischa von Perger, »Wer pflückt die Rose? Beschriftete Heiligenscheine bei Martin Schongauer«, in: *Zeitschrift für Kunstgeschichte*, Bd. 65, Nr. 3 (2002), S. 400-420, S. 402 (Fn. 5).

[50] Vgl. Joris-Karl Huysmans, *Les Grünewald du Musée de Colmar. Des primitifs au retable d'Issenheim*, Paris 1988, S. 43.

Leseszenen

Durch die Gegenwart der Schrift verwandeln sich die Versuchungen des Antonius in einen Kampf um den materiellen und spirituellen Besitz des göttlichen Wortes – einen Kampf, bei dem die Dämonen den Geist durch den Buchstaben töten wollen, um die apotropäische Macht des Wortes zu brechen. Die Zwietracht zwischen dämonischen und göttlichen Mächten vergegenständlicht das Wort, zielt aber gleichzeitig auf die Ebene der Bedeutung ab. In diesem Sinne müssen wir die Leseszenen, die vom Mittelalter bis in die Moderne in unzähligen Versuchungsdarstellungen des Heiligen auftauchen,[51] als eine

[51] Einen Überblick über die Antonius-Ikonographie bieten: Ortrud Westheider u. Michael Philipp (Hg.), *Schrecken und Lust. Die Versuchungen des heiligen Antonius von Hieronymus Bosch bis Max Ernst*, München 2008; Laura Fenelli, *Sant'Antonio Abate. Parole, reliquie, immagini*, unveröff. Diss., Universität Bologna 2007; Laurence Meiffret, *Saint Antoine Eremite en Italie (1340-1540). Programmes Picturaux et Dévotion*, Rom 2004; Jean Michel Massing, »Schongauer, Bosch, Grünewald et les autres. De quelques Tribulations de saint Antoine et de leurs influences«, in: Ders., *Studies in Imagery*, Bd. 1, London 2004, S. 392-420; Sandra Uhrig, *Die Versuchungen des Heiligen Antonius. Eine Vision des ausgehenden Mittelalters*, Diss., LMU München 1998; Frédérick Tristan, *Les tentations*, Poitiers 1981; Charles D. Cuttler, *The Temptations of Saint Anthony in Art. From Earliest Times to the First Quarter of the XVI Century*, Diss., New York University 1952; Claude Roger-Marx, »Les tenta-

Fortsetzung des geschilderten Kampfs mit anderen Mitteln sehen. Abgesehen von wenigen Ausnahmen (etwa den erwähnten Fresken in Santa Maria Antiqua) finden wir in der Ikonographie erst relativ spät Versuchungsszenen.[52] Wenn die Versuchungen im Spätmittelalter zur »Leseszene«[53] werden, dann reflektieren sie immer auch willkürlich oder unwillkürlich die Bildlektüre, was nicht nur in Buchmalereien offensichtlich wird, in denen die Lesenden – in einem *mise en abyme* – schon früh ihrem versuchten Spiegelbild begegnen.[54] Die dargestellten Versuchungen der Lektüre verweisen immer potenziell zugleich auf die Versuchungen der Bildbetrachterinnen und Bildbetrachter.

Die meisten Bilder der Versuchungen werden aufgrund der Leseaktivität des Heiligen zur Leseszene. Anto-

---

tions de Saint Antoine«, in: *La Renaissance. Revue d'Art*, 53 (März-April 1936).

[52] Einige der ältesten (teils umstrittenen) Antonius-Darstellungen werden aufgelistet in: Guy Ferrari, »Sources for the Early Iconography of St. Anthony«, in: Steidle (Hg.), *Antonius magnus Eremita*, S. 248-253.

[53] Der Topos der »Leseszene« wurde in den letzten Jahren in den Literatur- und Kulturwissenschaften populär. Siehe z. B. den Sammelband: Irna Hron, Jadwiga Kita-Huber, Sanna Schulte (Hg.), *Leseszenen: Poetologie – Geschichte – Medialität*, Heidelberg 2020. Die neuere Forschung konzentriert sich weitgehend auf die Zeit nach 1800, obwohl die Selbstreflexivität der Medialität von Texten und Bildern des Lesens sicherlich kein Privileg der Moderne ist.

[54] Vgl. James Finn Cotter, »The Book within the Book in Mediaeval Illuminations«, in: *Florilegium* 12 (1993), S. 107-140.

nius, der mit Beginn seiner Darstellungen ein Buch bei sich trägt, wird im Rahmen seiner Versuchungen, die in den bildenden Künsten ab dem 15. Jhd. an Bedeutung gewinnen, aber auch außerhalb der Versuchung mit Vorliebe als Leser porträtiert. Ähnlich wie unzählige andere Heilige wie Maria, Maria Magdalena, Hieronymus, Augustinus, Benedikt usw.,[55] wird Antonius als vorbildlicher Leser vorgestellt, der die meditative Durchdringung und Verwirklichung der Heiligen Schriften verkörpert. Dieses ideale Bild wird jedoch zunehmend bedroht und gerät ins Wanken, sobald der Andrang der Versuchungen immer heftiger wird. Entsprechend dieser Dramaturgie erscheint Antonius in den Bildern sukzessiv als *versunkener*, *gestörter* oder *geschändeter Leser*. Wenngleich die Grenzen zwischen diesen drei Typen und ihren Untertypen verschwimmen, möchte ich sie im Folgenden anhand einzelner Bildbeispiele grob klassifizieren:

(1) Besonders häufig wird Antonius als *versunkener Leser* präsentiert, der die dämonischen Phantasmen, die ihn umzingeln, ignoriert. Dieser Typ wird mustergültig auf dem rechten Flügel von Hieronymus Boschs *Lissaboner Triptychon* (um 1500) – dem einflussreichsten und

---

[55] Über Maria als Leserin und Jesus als Nichtleser: Werner Sollors, *Schrift in bildender Kunst. Von ägyptischen Schreibern zu lesenden Madonnen*, Bielefeld 2020, S. 31-70. Zahlreiche Darstellungen lesender Eremiten und Kirchenväter finden sich in dem Katalog: Rudolf Velhagen (Hg.), *Eremiten und Ermitagen in der Kunst vom 15. bis zum 20. Jahrhundert*, Basel 1993.

am häufigsten imitierten Gemälde des Meisters[56] – exemplifiziert. Antonius lässt sich weder von der nackten Versucherin, die in einem Fluss stehend aus einem mit einem roten Vorhang drapierten hohlen Baumstamm hervorschaut, verführen; noch von den anderen Körpern und bizarren Gestalten, die sich in seiner nächsten Nähe tummeln, irritieren (Abb. 6). Weiterhin über das Gelesene nachsinnend, blickt er über seine Schulter in Richtung der Bildbetrachterinnen und Bildbetrachter, als würde er sie auffordern, so wie er angesichts der Flut an Phantasmen, die das gesamte Triptychon überschwemmt, die Fassung nicht zu verlieren. Geistesabgewandt und scheinbar ohne Kraftaufwand behauptet Antonius seine (stoische) Gemütsruhe und lässt lesend alle teuflischen und weltlichen Versuchungen hinter sich.[57] In einer eigenartigen und ra-

---

[56] Es existieren über 20 Kopien des Werks und seine Ikonographie prägte die Versuchungen des Antonius bis ins späte 17. Jdh.: Vgl. Joseph Leo Koerner, *Bosch & Bruegel. From Enemy Painting to Everyday Life*, Princeton/Oxford 2016, S. 157.

[57] Den Kontrast zwischen der Gemütsruhe des Heiligen und der Flut der Phantasmen wurde bereits im frühen 17. Jhd. von dem geistlichen Historiker De Sigüenza in seiner Ekphrasis eines Bosch-Gemäldes trefflich geschildert: »De una parte se vee a aquel santo principe de los Eremitas [Antonius] con rostro sereno, deuoto, centemplatiuo, sosegado y llena de paz el anima; de otra las infinitas fantasias y mostruos que el enemigo forma, para trastornar, inquietar, y turbar aquella alma pia y aquel amor firme; para esto finge animals, fieras, chimeras, monstruos, fuegos, muertes, gritos, amenazas, viuoras, leones, dragones y aues espantosas y de tantas suertes, que pone admiracion como pudo formar tantas ideas; y todo esto para mostrar que una

ren Variante des Motivs, die ab 1600 aufkommt, verbrüdern sich die Dämonen mit Antonius und scheinen seiner Lektüre zu lauschen. Auf einem Gemälde von Jan Brueghel d. Ä. (um 1603) sehen wir sogar, wie ein froschartiger Dämon Antonius bei seiner Lektüre assistiert und ihm in der Dunkelheit der nächtlichen Landschaft mit einer Kerze leuchtet (Abb. 7).[58] Die Dämonen werden von An-

---

alma ayudada de la divina gracia, y lleuada de su mano a semejante manera de vida, aunque en la fantasia y a los ojos de fuera y dentro represente el enemigo lo que puede mouer a risa ó deleite vano, ó yra y otras dessordenadas passions, no seran para derribarle [...]« (»Auf der einen Seite erblickt man jenen heiligen Anführer der Eremiten [Antonius], mit heiterem Antlitz, fromm, in sich versunken und voller Seelenruhe; auf der anderen Seite unzählige Ausgeburten der Phantasie und Ungeheuer, die der Feind formt, um jene fromme Seele und felsenfeste Gottesliebe zu erschüttern, zu beunruhigen und zu trüben; zu diesem Zweck erfindet er Tiere, Bestien, Chimären, Monster, Feuer, Tote, Schreie, Bedrohungen, Schlangen, Löwen, Drachen und schreckenerregende Vögel von einer derartigen Vielfalt, dass man sich darüber wundert, wie er so viele Vorstellungen erschaffen konnte; und all das, um zu zeigen, dass eine Seele, die Beistand von Gottes Gnaden erfährt und von seiner Hand zu einem derartigen Lebenswandel geführt wird, nicht von ihrem Vorhaben abgebracht werden kann, selbst wenn der Feind in der Phantasie und in den inneren wie äußeren Augen Dinge repräsentiert, die Gelächter, eitlen Genuss oder Zorn und andere, verworrene Leidenschaften erregen können [...]«). Fra José de Sigüenza, *Historia de la Orden de San Jéronimo* [1605], Madrid 1907, S.636. Übs. Ashwin Schumann.

58 Es gibt noch eine ältere Fassung von Jan Brueghel d. Ä, in der wir einen lesenden Dämon finden. Außerdem gibt es Varianten von Jan Brueghel d. J. Abbildungen im Katalog: Wilfried Seipel (Hg.), *Pieter Breughel der Ältere – Jan Brueghel der Ältere. Flämische Malerei um 1600, Tradition und Fortschritt*, Lingen 1997, S. 171f.

Abb. 6: Detail: Hieronymus Bosch, *Lissaboner Triptychon*,

MUSEU NACIONAL DE ARTE ANTIGA, LISSABON.

Abb. 7: Detail: Jan Brueghel d. Ä., *Versuchungen des hl. Antonius.*

KUNSTHISTORISCHES MUSEUM WIEN.

tonius nicht bloß ignoriert, sondern toleriert und auf vorgeblich freundschaftliche Weise in einen Lesekreis integriert. Diese Idyllisierung der Leseszene wurde v. a. von der Familie Brueghel und von David Teniers d. J. vorangetrieben.[59]

(2) Etwas seltener wird Antonius hingegen als *gestörter Leser* vorgestellt, der zwar noch immer Ruhe bewahrt, seine Lektüre aber gegen mehr oder weniger aufdringliche Störenfriede behaupten muss. Auch hier lassen sich zwei Varianten unterscheiden. Die erste zeigt, wie der Heilige verbissen an seiner Lektüre festhält, obwohl er körperlich gequält wird: Auf einem Kupferstich von Israhel van Meckenem, der ungefähr aus derselben Zeit wie Schongauers Stich stammt (um 1470) und der vielleicht einer Vorlage von Meister E. S. folgt, wird der lesende Antonius aufs Heftigste von Dämonen attackiert (Abb. 8).[60] Die vier Teufel mit Gesichtern auf den Bäuchen, die dasjenige ihres Opfers parodistisch spiegeln, schlagen auf den Lesenden ein, zerren an seinen Haaren und entfachen mit einem Blasebalg ein Feuer zu seinen Füßen; das Antoniusfeuer wendet sich gegen seinen Namensgeber. Ein Teufel sticht mit einer Lanze in das aufgeschlagene Buch und versucht das Textkorpus zu verletzen. Dieses dämonische Bibelstechen zielt darauf, die Heilige Schrift, in dessen Sinn sich

[59] Siehe den Abbildungsteil in: Heinrich Trebbin, *David Teniers und Sankt Antonius*, Frankfurt a. M. 1994, S.157-173.

[60] Vgl. Uhrig, *Die Versuchungen des Heiligen Antonius*, S. 37-39.

der Geist des Heiligen verschanzt, gewaltsam aufzubrechen. Die geistliche Lektüre wird heroisch, gerät in einen dämonischen Belagerungszustand. Demgegenüber erscheint die Lektüre in der zweiten Variante als Zurückweisung eines verführerischen Tauschgeschäfts: In einer Miniatur aus dem kunstvollen Stundebuch von Karl dem Kahlen (1469) blickt der Heilige von seinem Buch auf, um sich eine vornehm gekleidete Hofdame vom Leib zu halten, deren wahre Natur nur von den Vogelklauen unter dem Saum ihres Kleides verraten wird (Abb. 9).[61] Antonius weist den Kelch der Sünde im Namen seiner Lektüre zurück. Das traditionelle Motiv der teuflischen Versucherin – die Personifikation der Weltlust bzw. *Luxuria* –, wird in dieser beliebten Darstellungsweise abgewandelt, indem es mit der Leseszene kombiniert wird.[62] Bei allen Unterschieden bleibt der *gestörte Leser* souverän, verliert nie die Kontrolle über den Text, weshalb die Grenzen zum *versunkenen Leser* fließend bleiben.

---

[61] Vgl. Antoine De Schryver, *The Prayer Book of Charles the Bold. A Study of a Masterpiece of the Burgundian Court*, Los Angeles 2008, S. 116.

[62] Cuttler vermutet, dass das Motiv das erste Mal in einem Fenster der Kathedrale von Chartres aus dem 13. Jhd. auftaucht: Cuttler, *The Temptations of Saint Anthony in Art*, S. 40f. Durch den Einfluss von Alphonsus' *Legenda mirabilis* war das Motiv in der spanischen Malerei des 14. und 15. Jhd.s weit verbreitet: Marta Nuet Blanch, »San Antonio tendado por la lujuria. Dos formas de representación en la pintura de los siglos XIV y XV«, in: *Locus amœnus*, 2 (1996), S. 111-124.

(3) Ganz im Gegensatz dazu wird Antonius in einigen wenigen Bildern als *geschändeter Leser* dargestellt, der von seinen Angreifern dermaßen überwältigt wird, dass ihm die Lektüre entgleitet. Dieser Typ ist eine Sonderform der Peinigungen des Antonius, eines weitverbreiteten Bildmotivs, das den Heiligen präsentiert, wie er – meist am Boden liegend oder in der Luft schwebend – von Dämonen gefoltert wird. Die Peinigungen lassen sich als Höhepunkt der Versuchungen verstehen, der Antonius' Verzweiflung dem Martyrium annähert.[63] Schmerz und Schrecken versuchen in ihrer geballten Körperlichkeit die Heilsbotschaft des göttlichen Wortes auszulöschen. Darum wird neben dem Heiligen nicht selten das Attribut des Buchs tätlich angegriffen. Als Leser ist Antonius in solchen Darstellungen nur noch anhand seines ehemaligen Lesestoffs erkennbar, der ihm gewaltsam entrissen wurde. Der *geschändete Leser* verkörpert keine Leseszene im strengen Sinn, da er das Ergebnis einer verhinderten oder unterbrochenen Lektüre ist. So haben wir gesehen, dass Antonius in einer spätmittelalterlichen Miniatur von einem Teufel mit seinem eigenen Buch verprügelt, oder, dass sein Buch auf dem *Isenheimer Altar* zur Beute einer dämonischen Gestalt degradiert wird. Solche Szenen las-

---

[63] Da der Schmerz zum Zweifel an Gott führt, lassen sich die Versuchungen und Peinigungen des Antonius, wie Brittnacher argumentiert, nicht scharf scheiden: Hans Richard Brittnacher, »Die zwei Körper des Antonius. Reiz und Pein der Askese«, in: Westheider u. Philipp (Hg.) *Schrecken und Lust*, S. 42-51, insb. S. 46f.

Abb. 8: Israhel van Meckenem, *Antonius von Dämonen gequält*.
STAATLICHE GRAPHISCHE SAMMLUNG MÜNCHEN.

Abb. 9: Gebetsbuch Karl des Kühnen, Ms. 37, fol. 33r.

J. PAUL GETTY MUSEUM, LOS ANGELES.

sen sich zweifellos als zerstörte Leseszenen interpretieren (so auch Schongauers Stich, wenn man die Rahmenhandlung, die unterbrochene Lektüre, in die Deutung miteinbeziehen will). Das deutlichste und drastischste Porträt eines *geschändeten Lesers* finden wir jedoch auf einer kleinformatigen Bildtafel, die der istrisch-italienische Maler Bernardo Parentino, ein Schüler von Andrea Mantegna, Ende des 15. Jhd.s malte.[64] Die Tafel – eine von dreien, die dem Leben des Heiligen gewidmet sind – zeigt Antonius, der von einer Meute monströser anthropomorpher Wesen brutal aus der Bildmitte gedrängt und von seinem Lesestoff getrennt wird (Abb. 10). Dämonen, deren Raubtierköpfe wie Masken wirken, dreschen mit rotglühenden Knüppeln und zuckenden Schlangenbündeln auf den Heiligen ein, unterdessen ein feuerspeiender Teufel ihn auf den Boden zerrt, aus dem die Flammen der Hölle – die Antoniusfeuer – züngeln. Am rechten Bildrand beißt ein kleiner feuerroter Teufel in einen Felsbrocken, den er im nächsten Augenblick herabstürzen wird. Am gegenüberliegenden Bildrand beugt sich ein Dämon über ein

---

[64] Datierung und Herkunft des Werks sind umstritten: Vgl. Andrea G. De Marchi (Hg.), *Collezione Doria Pamphilj. Catalogo generale dei dipinti*, Mailand 2016, S. 285f. Zur schwer rekonstruierbaren Identität und Biographie des Künstlers siehe: Alberta de Nicolò Salmazo, *Bernardino da Parenzo. Un pittore antiquario di fine Quattrocento*, Padua 1989; u. Zygmunt Wazbinski, *Bernardo da Parenzo. Un peintre vagabonde: Étude sur la fine du Quattrocento à Padue*, Venedig 1963.

Abb. 10: Bernardo Parentino, *Versuchungen des hl. Antonius.*
GALLERIA DORIA PAMPHILJ, ROM.

zerfetztes Gebetsbuch, eines der Bücher, die dem Heiligen entrissen wurden. Die kniende Figur mit verkrüppelten Taubenflügeln und skelettierten Hundeschädel hält für einen Moment in seinem Wüten inne und hebt den Blick von der zerknitterten Seite, die sie fast zärtlich zwischen ihren Fingern hält. Anscheinend hat sie die pseudogriechische Schrift[65] auf dem Blatt gelesen, um mit einem roten schadenfrohen oder verzweifelten Schrei, der wie Laserstrahlen aus allen Öffnungen ihres Schädels dringt, auf das Gelesene zu reagieren.[66] Die zerstörte Leseszene setzt sich auf teuflische Weise fort; der lesende Heilige wird durch einen lesenden Dämon substituiert. Wenn wir vergeblich versuchen, die Bedeutung der winzigen täuschend echten Schrift zu entziffern, müssen wir selbst gleichsam in die Rolle des lesenden Dämons schlüpfen.

---

[65] Eine genaue Analyse der Pseudoschrift vor dem Hintergrund von Mantegnas und Parentinos ausgeprägtem Interesse an Schriftdarstellungen in: Gregor Meinecke, *Heilige Schriften? Buch- und Schriftdarstellungen in der Malerei des Quattrocento*, unveröff. Masterarbeit, Universität Hamburg 2022, S. 51ff.

[66] Uhrig kommentiert die Figur treffend: »Sie kniet vor dem aufgeschlagenen Brevier des Antonius, hält in schadenfroher Erregung eine ausgerissene Seite in ihren Händen und hofft mit diesem Sakrileg der Schändung den göttlichen Beistand zu brechen.« Uhrig, *Die Versuchungen des Heiligen Antonius*, S. 79. Sie ignoriert aber die Möglichkeit, dass der Dämon in dem herausgerissenen Blatt, das er nahezu zärtlich in Händen hält, liest.

Lesende Dämonen

Mit dieser Randfigur eines lesenden Dämons erreicht die teuflische Aggression gegen das göttliche Wort ein neues Level. Die Gewalt richtet sich nicht mehr allein gegen das Buch als Gegenstand, gegen die Materialität und Buchstäblichkeit des Worts, sondern gegen seinen Inhalt, die spirituelle Bedeutung. Möglicherweise dringen die Dämonen sogar in das Innere der Festung des Schriftsinns ein. Diese beunruhigende Option, die Parentinos Gemälde überschattet, ist vielleicht der Grund, warum es sich bei dem Bild um eine der trostlosesten Deutungen des Themas handelt: Bei Grünewald, dessen Darstellung nicht minder gewalttätig ist, erscheint immerhin Gottvater in einem sonnenhaften Strahlenkranz am Himmel über dem *geschändeten Leser* und schickt zumindest einen Engel, der am Horizont den Kampf gegen die Dämonen aufnimmt. Bei Parentino hingegen verschluckt die düstere Felslandschaft jedes natürliche und göttliche Licht. Selbst das Kruzifix, das bei Parentino in der Tiefe einer Höhle aufleuchtet, wirkt hölzern und blass; es ist ein matter Hoffnungsschimmer, dessen rötliche Aureole sich kaum vom flackernden Widerschein der Höllenfeuer unterscheidet.[67]

---

[67] Vgl. Enrico Castelli, *Il demoniaco nell'arte. Il significato filosofico del demoniaco nell'arte*, Mailand/Florenz 1951, S. 101.

Obwohl das Kreuzsymbol einen Dämon am Höhleneingang blendet, bleibt sein Strahlen ansonsten ohne sichtbare Wirkung. Selbst die Mönche, die sich im Hintergrund der linken Bildhälfte auf einer Felskanzel versammeln und die einen Weihwasserwedel schwenken, scheinen entmutigt und gottverlassen.[68] Ihre Gesten säen höchstens Zwietracht zwischen zwei Dämonen am Fuße des Felsens, die mit zwei diskutierenden Mönchen am äußersten Bildrand korrespondieren. Die Predigt der Mönche kontrastiert mit dem lesenden Dämon, wodurch sich der Kampf um das göttliche Wort noch in der kleinsten Szene spiegelt. Doch die sporadischen Momente der Hoffnung verstärken im Großen und Ganzen den Eindruck der Ohnmacht. Das Wort Gottes – sei es in Form der Gebetsbücher, der Predigt der Mönche oder gar in Gestalt des Gekreuzigten – verliert seine Heilskraft, sobald sich der Verdacht erhärtet, dass es bereits vom Bösen infiziert wurde.

Nach Parentino tauchen lesende Dämonen im Zusammenhang der Antonius-Versuchungen v. a. in der Malerei von Hieronymus Bosch und seinen Nachfolgern auf. Die Aggressivität des Lektüreakts ist in dieser Tradition jedoch nicht immer so augenscheinlich. Auf Boschs kleinem *Eremiten-Triptychon* (kurz vor 1500) erscheinen die lesenden Dämonen nahezu verniedlicht: Im Vordergrund der linken Tafel finden wir im Gewimmel zwergenhafter

---

68 Vgl. Meinecke, *Heilige Schriften?*, S. 50.

Dämonen zwei winzige Leser, die sich in ihre Bücher vertiefen, während sich Antonius im Mittelgrund hinabbeugt, um mit einem Krug Wasser aus einem Fluss zu schöpfen (Abb. 11).[69] Der Heilige senkt die Lider, er ist nach innen gekehrt und scheint weder die possierlichen Dämonen zu seinen Füßen noch die nackte Versucherin, die wie im *Lissaboner Triptychon* aus einem drapierten Baumstamm hervorschaut, wahrzunehmen. Dies ist eine typische Darstellung eines versunkenen Antonius, nur dass die Funktion des Lesens an die Dämonen delegiert wird. Beide Dämonen, die wie Mönche Kapuzen tragen, äffen die übliche Lektüre des Heiligen nach. Ähnlich spiegelt der Fisch-Dämon im Fluss die Geste des Wasserschöpfens. Die vordere Figur ist dermaßen in ihre Lektüre versunken, dass sie den Vogel, der auf ihrer schnabelartigen Nase tanzt, nicht zu bemerken scheint. Die Dämonen parodieren die Gelassenheit ihres Gegners.[70]

---

[69] Zu diesem Gemälde siehe den Katalog: Bernard Aikema (Hg.), *Jheronimus Bosch e Venezia*, Venedig 2017, S. 111-114. Der obere Teil der Tafeln war wahrscheinlich ursprünglich abgerundet: Matthijs Ilsink, Jos Koldeweij, Ron Spronk u. a. (Hg.), *Hieronymus Bosch. Maler und Zeichner. Catalogue Raisonné*, Stuttgart 2016, S. 122-131.

[70] Damit parodieren die Dämonen indirekt die *imitatio Christi*, die im Zentrum des *Eremiten-Triptychons* wie des *Lissaboner Triptychons* steht. Sie imitieren auf äußerliche Weise den Heiligen, der innerlich Christus imitiert. Auf der Mitteltafel des *Eremiten-Triptychons* finden wir bezeichnenderweise den hl. Hieronymus, den Namensvetter des Malers selbst. Hierzu: Wendy Ruppel, »Salvation through Imitation. The Meaning of Bosch's Saint Jerome in the Wil-

Weiteren lesenden Dämonen begegnen wir auf den Innenflügeln von Boschs *Lissaboner Triptychon*, das nur wenige Jahre später entstand. Wohingegen Antonius auf dem rechten Flügel als *versunkener Leser* porträtiert wird, lesen gleich mehrere seiner Gegenspieler auf den übrigen Bildtafeln. Diese lassen sich versuchsweise aus dem ungeheuer komplexen ikonographischen Gesamtzusammenhang herauslösen, ohne dem »Symbolverdacht« zu erliegen, den Boschs Bilder bewusst provozieren:[71] Auf dem linken Flügel liest eine Gruppe von Dämonen ein Dokument mit Siegel unter einer Brücke, über die der Heilige, der von den Mächten des Bösen fast zu Tode geprügelt wurde, von seinen Gefährten geschleppt wird – eine Szene, die von der *Vita Antonii* und *Legenda aurea* inspiriert ist.[72] Gleichzeitig wird der Heilige in der Luft von tierartigen Monstern gepeinigt. Die Lesenden unter der Brücke sind Teil eines dämonischen Korrespondenzsystems, auf dessen Wegen ein schlittschuhlaufender Dämon mit Schlappohren in seinem Schnabel einen versiegelten Brief überbringt (Abb. 12). Auf diese Weise werden Botschaften befördert, die mutmaßlich menschliche Sünden vermerken, göttliche Urteile verkünden oder satanische

derness«, in: *Simiolus. Netherlands Quarterly for the History of Art*, Vol. 18, No. 1/2 (1988), S. 4-12, S. 8f.

[71] Vgl. Hans Holländer, *Hieronymus Bosch. Weltbilder und Traumwerk*, Köln 1988, S. 69f.

[72] Vgl. Athanasius, *Vita Antonii*, 8,3-9,1; Jacobus de Voragine, *Legenda aurea*, Bd. 1, S. 366.

Befehle vermitteln.[73] Auf der Mitteltafel entdecken wir wiederum im rechten Vordergrund eine bizarre Gestalt mit Brille, die in einem entenförmigen Boot eingesperrt ist, das sich auf dem trüben Kanal, der alle Bildtafeln verbindet, mit einem Rochensegel bewegt. Die Figur, die einem Mönch ähnelt, liest oder singt von einem Blatt, das sich ihren Händen entzieht.[74] Oberhalb dieses dämonischen Lesers/Sängers haben sich drei tierköpfige Dämonen um ein prunkvolles blaues Buch versammelt, bei dem es sich wohl um Antonius' Gebetsbuch handelt, das diesem wie bei Parentino und Grünewald entwendet wurde.[75] Nun ist es in den Händen der Dämonen, von denen einer, der eine Tonsur hat und eine Brille auf seiner Fuchsschnauze trägt, mit seinem Zeigefinger Zeile für Zeile vorliest (Abb. 13). Das Messgewand des lesenden Dämons ist am Rücken aufgerissen und wir blicken in den Hohlraum eines Kadavers, aus dem blutige Eingeweide

---

[73] Laut Massing besteht der Sinn dieses Systems darin, die Sünden der Menschen aufzuzeichnen und an Satan, der als Ankläger fungiert, weiterzuleiten: Jean Michel Massing, »Sicut erat in diebus Antonii: The Devils under the Bridge in the Tribulations of St. Antony by Hieronymus Bosch in Lisbon«, in: John Onians (Hg.), *Sight and Insight. Essays on Art and Culture in Honour of E. H. Gombrich at 85*, London 1994, S. 109-127, insb. S. 122f.

[74] Vgl. Dirk Bax, *Hieronymus Bosch. His Picture-Writing Deciphered*, übs. v. M. A. Bax-Botha, Rotterdam 1979, S. 93f.

[75] Cuttler und Bax folgern dies aus dem ikonographischen Kontext: Charles D. Cuttler, »The Lisbon Temptation of St. Anthony by Jerome Bosch«, in: *The Art Bulletin*, Vol. 39, No. 2 (1957), S. 109-126, S. 122; Bax, *Hieronymus Bosch*, S. 100f.

hervorquellen. Anstelle eines Mönch-Dämons erblicken wir einen untoten Priester,[76] der die Feier des göttlichen Wortes usurpiert und pervertiert. Wenn das blaue Buch tatsächlich auf die burgundischen Herrscher verweist,[77] dann scheint Bosch, seine Auftraggeber wie alle Betrachter und Betrachterinnen zu mahnen, nicht in der Hülle des Prunks innerlich abzusterben. Nicht das Buch, sondern sein Gebrauch entscheidet, ob man dem lesenden Heiligen oder dem lesenden Dämon ähnelt.

Die dämonische Gruppe, die das Buch des Heiligen missbraucht, ist ein möglicher Schlüssel, um die Ikonographie der Mitteltafel, die einer lückenlosen Auslegung trotzt, besser zu verstehen. Wie auch immer wir das Chaos der Komposition, das sich von den hagiographischen Quellen emanzipiert, im Detail deuten, es lässt sich nicht bestreiten, dass ihre Logik derjenigen einer *Schwarzen Messe* folgt, welche die Bedeutung heiliger Symbole

---

[76] Die Vorstellung, dass tote Priester Messen halten, war im Volksglauben verbreitet und wurde z. B. auf einem Retabel im Münster von Bern (circa 1505) bildlich umgesetzt. Abbildung im Katalog: Peter Jezler (Hg.), *Himmel, Hölle, Fegefeuer. Das Jenseits im Mittelalter*, Zürich 1994, S. 21.

[77] Das Buch erinnert an realexistierende schwarz- oder blaugefärbte Stundenbücher, die äußerst selten und kostspielig waren, und von denen Bosch ein Exemplar im Besitz seiner burgundischen Auftraggeber gesehen haben könnte. Vielleicht wählt Bosch dieses außergewöhnliche Buch, um die Prunksucht der Burgunder zu kritisieren. Ich verdanke diese Hinweise Marie Hartmann, die an einer Dissertation mit dem Titel *Visual Translations – The Materiality and Mediality of Black Books of Hours* arbeitet.

Abb. 11: Detail: Hieronymus Bosch: *Eremiten-Triptychon.*

GALLERIE DELL'ACADEMIA, VENEDIG.

Abb. 12 & 13: Details: Hieronymus Bosch, *Lissaboner Triptychon*,

MUSEU NACIONAL DE ARTE ANTIGA, LISSABON.

und Rituale in ihr Gegenteil verkehrt.[78] Antonius, der exakt in der Bildmitte kniet, fixiert uns mit seinen Augen, wobei er mit seiner Hand die Geste Christi aufnimmt, der in der Tiefe einer zerborstenen Turmruine erscheint und auf seine eigene Kreuzigung – in Form eines Kruzifixes auf einem Altartisch – verweist. Diese Sichtachse, die unseren Blick von Antonius auf Christus und seinen Kreuzestod lenkt, reguliert die Beziehung zum göttlichen Wort, die sich, umso weiter man sich von der Achse entfernt, im konzentrischen Chaos verliert.[79] Die Dämonen verkörpern eine verfehlte Beziehung zum Wort, so wie die Reliefs auf der Verschalung des Turms, in dessen Trümmern Christus erscheint, den heidnischen Götzendienste darstellen (den Tanz um das goldene Kalb, die Anbetung eines Affen).[80] Viele Gestalten, die Antonius unmittelbar

---

[78] Vgl. Larry Silver, *Hieronymus Bosch*, übs. v. Ingrid Hacker-Klier, München 2006, S. 229. Die Inversion/Perversion der christlichen Ordnung ist der Schlüssel zum Verständnis des frühneuzeitlichen »Hexenwahns«. Hierzu: Stuart Clark, *Thinking with Demons. The Idea of Witchcraft in Early Modern Europe*, Oxford/New York 1997, insb. S. 82ff.

[79] Hierzu der Kommentar von Gendolla: »Die Verhältnisse von heiligem Text, Gottesgestalt und Eremit, der sich direkt an den Betrachter wendet, werden als *einzige* reale Beziehungen aus dem Gesamtgeschehen differenziert. Sie weisen als einzige aus dem Bild heraus in die wirkliche Welt [...]. Alles andere ist Spuk, Erfindung, Phantasmagorie, Werk der Geister und Dämonen.« Peter Gendolla, *Phantasien der Askese. Über die Entstehung innerer Bilder am Beispiel der ›Versuchungen des heiligen Antonius‹*, Heidelberg 1991, S. 101.

[80] Vgl. Koerner, *Bosch & Bruegel*, S. 171f. Schon Fraenger bezieht

umgeben, halten Pokale oder Schüsseln in den Händen und parodieren im Sinne einer *parodia sacra*[81] das Wunder der Transsubstantiation; vielleicht imitieren sie aber auch die Herstellung des heilsamen Weins, den die Antoniter für die Opfer des Antoniusfeuers zubereiteten.[82] Die seltsamen Gestalten, die sich im Rücken von Antonius um einen Tisch scharen, entspringen möglicherweise einer Vision, in der Antonius laut *Vita Antonii* sah, wie die Arianer »wie unvernünftige Tiere« einen Altar schänden.[83] Die Angst vor Häresien und vor Hexen, die als Häretikerinnen verfolgt wurden, wuchs jedenfalls an der Wende zur Frühen Neuzeit.[84] Vor diesem Hintergrund lassen sich auch die drei lesenden Dämonen als häretische Exegeten der Heiligen Schrift interpretieren. Sie markieren den ent-

---

die Reliefs auf das sogenannte *Lied des Moses* (Dt 32,15-33): Wilhelm Fraenger, *›Das Lied des Moses‹ als Zentralmotiv der ›Versuchungen des St. Antonius‹ von Hieronymus Bosch*, Amsterdam 1950, S. 20ff.

81 Allgemein zur *parodia sacra*: Michail Bachtin, *Rabelais und seine Welt. Volkskultur als Gegenkultur*, übs. v. Gabriele Leupold, Frankfurt a. M. 1995, insb. S. 62f u. 390ff.

82 Diese zweite These ist allerdings umstritten: Vgl. Silver, *Hieronymus Bosch*, S. 226.

83 Vgl. Athanasius, *Vita Antonii*, 82,4-9. Siehe auch: Koerner, *Bosch & Bruegel*, S. 174f.

84 Dies lässt sich am Beispiel der Schriften des Dominikaners Johannes Nider zeigen: Michael D. Bailey, *Battling Demons. Witchcraft, Heresy, and Reform in the Late Middle Ages*, Pennsylvania 2003, insb. S. 29ff. Über mögliche Bezüge zur Hexerei bei Bosch: Charles D. Cuttler, »Witchcraft in a Work by Bosch«, in: James Synder (Hg.), *Bosch in Perspective*, New Jersey 1973, S. 108-117.

scheidenden Moment, in dem sich das Böse in den Sinn der Schriften einschleicht, um ihn von innen heraus zu korrumpieren. Sie versinnbildlichen den Ursprung der grenzenlosen Deformationen und Perversionen des Worts, die das gesamte Triptychon heimsuchen.

Wie rasch das Buch aus den Händen des Heiligen in diejenigen seiner Gegenspieler wandert, zeigt sich auch in einem Skizzenblatt aus dem Louvre, das Bosch zugeschrieben wird und das wohl aus derselben Zeit wie das *Lissaboner Triptychon* stammt. Ein Heiliger, der auf dem Blatt viermal als *versunkener Leser* posiert, wird von drei lesenden dämonischen Mönchen karikiert.[85] Die beiden suspekten Leser, die in der Blattmitte marschieren, kehren nahezu identisch auf einem Gemälde eines anonymen Bosch-Nachfolgers (um 1515) wieder, auf dem Antonius, der ein Beutelbuch am Gürtel trägt, von gespenstischem Ungeziefer umschwärmt wird (Abb. 14).[86] In dutzenden weiteren Nachahmungen werden Motive des Meisters paraphrasiert und collagiert, weshalb wir auf ihnen lesende Dämonen finden, welche den Heiligen imitieren.[87] Der le-

---

[85] Vgl. den Katalog: Fritz Koreny u. Gabriele Bartz (Hg.), *Hieronymus Bosch – Die Zeichnungen. Werkstatt und Nachfolge bis zum Ende des 16. Jahrhunderts*, Turnhout 2012, S. 156-159.

[86] Vgl. Ilsink, Koldeweij, Spronk u. a. (Hg.), *Hieronymus Bosch*, S. 452-454.

[87] Siehe die Abbildungen in: Gerd Unverfehrt, *Hieronymus Bosch: Die Rezeption seiner Kunst im frühen 16. Jahrhundert*, Berlin 1980. Dutzende lesende Dämonen finden sich auch im digitalen Archiv des

Abb. 14: Bosch-Nachfolge, *Antonius mit Monstern*.

SAMMLUNG F. VAN LANSCHOT COLLECTION, 'S-HERTOGENBOSCH.

Abb. 15: Bosch-Nachfolge, *Versuchungen des hl. Antonius.*
CHRYSLER MUSEUM OF ART, NORFOLK, VIRGINIA.

Abb. 16: Bosch-Nachfolge, *Versuchungen des hl. Antonius*.

MUSEO DEL PRADO, MADRID.

Abb. 17: Detail: Cornelis Saftleven, *Die Versuchungen des hl. Antonius*.

LIECHTENSTEIN MUSEUM, WIEN.

sende Antonius wird z. B. auf einem Bild der Bosch-Werkstatt (um 1510) von einem kleinen lesenden Dämon mit Entenschnabel »verarscht«, was wörtlich zu nehmen ist, wenn ein anderer Dämon dem Heiligen kopfüber den Hintern entgegenstreckt (Abb. 15). Auf einem anderen Gemälde (um 1520), das Motive des *Lissaboner Triptychons* aufgreift, lagern lesende Dämonen *vis-à-vis* von Antonius, der sein Buch zuklappt, um die Bildbetrachtenden anzublicken (Abb. 16).[88] Die Opposition zwischen dem lesenden Heiligen und den drei Dämonen rückt nun ins Zentrum der Bildkomposition.

Vereinzelt tauchen lesende Dämonen auch auf Antonius-Bildern außerhalb der unmittelbaren Bosch-Nachfolge auf. Ein Einfluss von Bosch lässt sich jedoch in den meisten Fällen nachweisen oder zumindest vermuten. So finden wir etwa einen winzigen lesenden Dämon in einer Versuchungsdarstellung des italienischen Malers Girolamo Savoldo (um 1520), der Werken von Bosch in Venedig begegnet sein könnte.[89] Unzählige lesende Dämonen erscheinen natürlich bei niederländischen Malern, die direkt oder indirekt an Bosch anknüpfen, etwa bei Marten

---

Jheronimus Bosch Art Center: https://jeroenboschplaza.com [09.06.2022].

[88] Vgl. Koreny u. Bartz (Hg.), *Hieronymus Bosch – Die Zeichnungen.* S. 319.

[89] Vgl. Michael Fried, *Painting with Demons. The Art of Gerolamo Savoldo*, London 2021, S. 87-92.

de Vos, David Teniers d. J. oder David Ryckaert d. J.[90] Ein besonders abstruser lesender Dämon zeigt sich in einem Gemälde von Cornelis Saftleven (1629), das diese erweiterbare Liste abschließen soll: Antonius wird von einer ganzen Meute von Monstern aufgeschreckt, von denen eines in Hummergestalt mit seinen Scherenhänden im zurückgelassenem Gebetsbuch blättert (Abb. 17).[91]

---

[90] Vgl. Westheider u. Philipp (Hg.) *Schrecken und Lust*, S. 24, S. 140-146.

[91] Auch auf anderen Gemälden von Saftleven und Teniers finden wir lesende Dämonen. Siehe: Tania De Nile, »›Fantasmi notturni‹ dopo di Bosch. La nascita di un nuovo canone nelle tentazioni di Cornelis Saftleven e David Teniers II«, in: *Storia dell'arte*, 141 (2005), S. 99-119. Ein lesender Hummer befindet sich auch in Saftlevens *Kolleg der Tiere* (1655) im Dallas Museum of Art: https://collections.dma.org/artwork/3175432 [09.06.2022].

Aufschreibesysteme

Das »literarische« Interesse lesender Dämonen, die sich um 1500 auf Gemälden des heiligen Antonius tummeln, ist zunächst im Kontext der weitgreifenden Lese- und Schreibkompetenzen des höllischen Hofstaats zu betrachten. Die Buchreligion des Christentums zeichnet sich nicht nur durch den Glauben aus, dass kanonische Bücher das Wort Gottes enthalten, und daran, dass Jesus – gleichsam als Buch aus Fleisch und Blut – das Wort Gottes inkarnierte,[92] sondern auch dadurch, dass die guten und bösen Taten aller Menschen schriftlich festgehalten werden. Beim apokalyptischen Weltgericht werden zahlreiche Bücher aufgeschlagen, in denen alle gottgefälligen Taten registriert sind, ehe die Namen der Erlösten in das göttliche »Buch des Lebens« (*liber vitae*) eingetragen werden (Offb 20,12). Dieses himmlische Aufschreibesystem, das tief in der jüdischen und altorientalischen Vorstellungswelt verankert ist, wird im Laufe der Zeit ausdifferenziert,[93]

---

[92] Vgl. Bruno Reudenbach, »Der Codex als Verkörperung Christi. Mediengeschichtliche, theologische und ikonographische Aspekte einer Leitidee früher Evangelienbücher«, in: Joachim Friedrich Quack u. Daniela Christina Luft (Hg.), *Erscheinungsformen und Handhabungen Heiliger Schriften*, Berlin u. a. 2014, S. 229-244, insb. 236f.

[93] Vgl. Leo Koep, *Das himmlische Buch in Antike und Christentum. Eine religionsgeschichtliche Untersuchung zur altchristlichen Bildsprache*, Bonn 1952, insb. S. 46ff.

so dass die Engel die guten und die Dämonen die bösen Taten verwalten und entscheiden, wer in das »Buch Israel« eingetragen wird (Ez 13,9). Die Arbeitsteilung wird uns etwa auf einem spätmittelalterlichen Weltgericht-Triptychon (1475), das vermutlich aus der Gegend des Mittelrheins stammt, deutlich vor Augen geführt: Auf der Mitteltafel thront der richtende Christus über den Toten, die, von den Posaunen der Engel erweckt, aus ihren Gräbern steigen. Auf der linken Tafel werden die Seligen von Engeln, auf der rechten die Verdammten von Teufeln empfangen. Während links oben Engel, von denen einige die Passionswerkzeuge (*arma Christi*) halten, Bücher und Urkunden zusammentragen, zerren zähnefletschende zoomorphe Dämonen rechts oben Sündenregister hervor (Abb. 18).[94] Groteske Teufel schleppten einen geöffneten Kodex, ein Beutelbuch, gerollte Dokumente, Siegelurkunden, bei denen es sich wohl um Schuldbriefe handelt, herbei. Das Archiv der Hölle entleert sich über den Köpfen der Verdammten.

Neben dem Weltgericht spielt die dämonische Buchführung auch beim Partikulargericht, bei der Bilanzierung der guten und bösen Taten der Einzelseele unmittelbar nach dem Tod, eine wichtige Rolle. So finden wir auf Holzschnitten bebilderter Abhandlungen über die Sterbekunst (*ars moriendi*), die im 15. Jhd. populär werden, wiederholt Teufel, die Sündenregister vor dem Totenbett

---

94 Siehe den Katalog: Jezler (Hg.), *Himmel, Hölle, Fegefeuer*, S. 342f.

vorzeigen.[95] Die Individualisierung des Aufschreibesystems zeigt sich auch in einer Miniatur aus dem Stundenbuch der Katharina von Kleve (1440), auf der sich ein Engel und ein Dämon um das geöffnete Buch streiten, das über einer Leiche schwebt, für die ein Totengräber soeben das Grab schaufelt (Abb. 19).[96] Das Buch wird hier zum Stellvertreter der Einzelseele, die den unentschiedenen Kampf guter und böser Mächte auslöst. Die Leserin und die Leser des Stundenbuchs werden daran erinnert, dass auch ihre Seelen einst wie ein Buch gelesen werden und sie selbst entscheiden müssen, was auf den noch unbeschriebenen Seiten zu lesen sein wird.

Im Mittelalter wimmelt es nur so von Geschichten und Bildern schreibender Dämonen, welche die Menschen belauern, um ihre Fehltritte festzuhalten.[97] Einer dieser Dämonen, der einen Eigennamen hat und meist Titivillus genannt wird, hält sich mit Vorliebe in Kirchen auf, wo er mit seinen Gehilfen während des Gottesdiensts das leere Geschwätz der Messgängerinnen (meist handelt es sich

---

[95] Vgl. Eva Tasser, *Der Teufel mit dem Sündenregister und seine mittelalterlichen Darstellungsformen*, unveröff. Masterarbeit, Universität Innsbruck 2020, S. 60ff.

[96] Vgl. Anne Margreet W. As-Vijvers (Hg.), *Das Stundenbuch der Katharina von Kleve*, übs. v. Beatrice von Bormann, Stuttgart 2009, S. 8. Siehe auch: Cotter, »The Book within the Book in Mediaeval Illuminations«, S. 118f.

[97] Vgl. Peter Halm, »Der schreibende Teufel«, in: Enrico Castelli (Hg.), *L'umanesimo e il demoniaco nell'arte* (Atti del II Congresso Intetrazionale di Studi umanistici), Rom/Mailand 1952, S. 235-249.

Abb. 18: Detail: Mittelrheinisches Weltgerichtsaltärchen.
SAMMLUNG HEINZ KISTERS, KREUZLINGEN (ursprünglich).

Abb. 19: Stundenbuch der Katharina von Kleve, Ms. 917, fol. 206.

THE MORGAN LIBRARY, NEW YORK.

um Frauen) aufschreibt oder aber die Silben, Worte und Verse sammelt, die Geistliche beim Gesang der Psalmen in der Hast verschlucken oder vergessen.[98] Titivillus oder Tutivillus wird in den bildenden Künsten gerne als ein Teufel dargestellt, der auf seinem Rücken Säcke voll unsinnigem Gebrabbel schleppt. Auf dem Gemälde der Schutzmantelmadonna (1484) des spanischen Malers Diego della Cruz, das sich im Kloster Las Huelgas in Burgos befindet, fliegt ein solcher Dämon mit einem Stapel von Büchern über der Madonna, die mit ihrem Mantel die Gläubigen beschützt, auf die ein anderer Dämon mit Pfeil und Bogen Jagd macht (Abb. 20).[99]

Zahlreiche Exempla und Heiligenviten berichten von schreibenden Teufeln, die über die Sünden der Menschen wachen. Hier sei nur eine legendäre Begebenheit aus dem Leben des Augustinus angeführt, die in der *Legenda aurea* erzählt und auf einem Außenflügel von Michael Pachers *Kirchenväteraltar* (um 1470) meisterhaft dargestellt wird:[100] Eines Tages erblickt Augustinus, der sich in seine

---

[98] Zu diesem Dämon, der wahrscheinlich das erste Mal von Jacques de Vitry (13. Jhd.) erwähnt wird: Julio Gonzáles Montañes, *Titivillus. Il demone dei refusi*, übs. v. Roberto Russo, Perugia 2018, insb. S. 15ff; Margaret Jennings, »The Literary Career of the Recording Demon«, in: *Studies in Philology*, Vol. 74, No. 5 (1977), S. 1-95, insb. S. 1-34.

[99] Vgl. Tasser, *Der Teufel mit dem Sündenregister*, S. 93f.

[100] Siehe die Abbildungen und Kommentare in: Lukas Madersbacher, *Michael Pacher. Zwischen Zeiten und Räumen*, Berlin 2015, S. 128.

Lektüre vertiefen will, plötzlich einen Dämon, der ein dickes Buch auf seiner Schulter trägt. Danach gefragt, was in dem Buch geschrieben stehe, antwortet der Dämon, dass er darin die Sünden der Menschen aufschreibe. Augustinus möchte natürlich wissen, ob unter seinem Namen Sünden aufgelistet wurden, und sieht, dass im Buch nur eine einzige verzeichnet ist, nämlich dass er einmal das Nachtgebet vergessen hatte. Beunruhigt eilt er in die Kirche, um das Gebet nachzuholen. Dann kehrt er zum Dämon zurück und zwingt ihn, ihm noch einmal das Buch zu zeigen, in dem er nun anstelle seiner Sünde eine leere Seite erblickt. Das Gebet revidiert das Sündenregister und der schreibende Dämon zieht sich beleidigt zurück.[101] Bei Pacher sehen wir, wie der Heilige mit einer segnenden Geste den Dämon auf Distanz hält, der ein großes Buch trägt (Abb. 21). Der arme Teufel, der eher schreckhaft als schrecklich aussieht, ist im Begriff, den Rückzug anzutreten.

Auch in den Legenden des Antonius findet das göttliche/dämonische Aufschreibesystem Erwähnung. In der bereits geschilderten Szene aus der *Vita Antonii* bzw. *Legenda aurea*, in der Antonius in einer Vision in die Luft entrückt wird, versperren die Dämonen dem Heiligen, der von Engeln getragen wird, den Weg, um die Bilanz seiner Sünden zu ziehen. Die Engel entgegnen den Dämonen: »Das, was seit der Geburt [an Sünden] geschah, hat der

---

[101] Jacobus de Voragine, *Legenda aurea*, Bd. 3, S. 1666.

Abb. 20: Diego della Cruz, *Schutzmantelmadonna mit spanischer Herrscherfamilie.*

KLOSTER LAS HUELGAS, BURGOS.

Abb. 21: Detail: Michael Pacher, *Kirchenväteraltar*.

ALTE PINAKOTHEK, MÜNCHEN.

Herr getilgt. Von da ab, als er Mönch wurde und dies Gott verkündete, sei es euch erlaubt, eine Rechnung aufzumachen!«[102] Die Dämonen klagen Antonius zwar an, können ihn aber unter diesen Umständen nicht überführen, weshalb der Weg in den Himmel für ihn freisteht. Die Szene, die Schongauer in seinem Stich aufgriff, dreht sich also sowohl um das Beutelbuch im Zentrum des Bildes als auch um das himmlische Buch des Lebens, in das der Name des Heiligen eingehen wird. Wahrscheinlich dient auch das dämonische Korrespondenzsystem, das sich auf dem linken Flügel des *Lissaboner Triptychons* entfaltet, der Registrierung von Sünden sowie dem schriftlichen Einspruch gegen Antonius' Erlösung.[103]

In Alphonsus' *Legenda mirabilis* erfahren wir von einem göttlichen Aufschreibesystem, das spiegelbildlich zum Buch der Laster in der Legende des Augustinus funktioniert. Wie wir noch sehen werden, schildert der Hauptteil der *Legenda mirabilis*, wie Antonius von einer teuflischen Königin in Versuchung geführt wird. Im Zuge dieser Versuchung erinnert die Königin Antonius an seine vergangenen Peinigungen durch die Dämonen, die sie bis

---

102 Athanasius, *Vita Antonii*, 65,4: »Τὰ μὲν τῆς γενέσεως ὁ Κύριος ἀπλήειψεν, ἐξ οὗ δὲ γέγονε μοναχὸς καὶ ἐπηγγείλατο τῷ θεῷ, ἐξέστω λόγον ποιῆσαι.«

103 Laut Massing steht darum auf dem Brief, den der Dämon unter der Brücke überbringt, in Spiegelschrift, *Protestatio* geschrieben. Es gibt freilich auch andere Lesarten. Vgl. Massing, »Sicut erat in diebus Antonii«, S. 115f.

ins Detail nachzuerzählen weiß – als Teufelin war sie ja gleichsam zugegen.[104] Doch obwohl Antonius damals von den Dämonen an den Haaren von einem Berg in die Ebene geschleift wurde, verlor er nicht den Mut. Er erklärt der Königin die Unermüdlichkeit seiner Standhaftigkeit anhand einer Erscheinung: Nachdem er grausam gefoltert wurde, erschien ihm Jesus und zeigte ihm ein Buch, in dem Antonius' erduldete Pein und Not aufgeschrieben wurde. Zu einem späteren Zeitpunkt, als Antonius einmal nicht von den Dämonen gequält wurde, zeigt ihm Jesus erneut das Buch, dessen Seiten nun aber leer sind. Jesus erklärt dem Heiligen, dass seine eigentliche Pflicht im leidvollen Ringen mit dem Bösen bestehe. Da es ohne Leid keinen Lohn gibt, will Antonius fortan pausenlos kämpfen und klaglos jede Qual ertragen, damit seine Geschichte zum göttlichen Skript seiner heroischen Versuchungen wird.[105] Antonius, der einst in die Wüste floh, um im Buch der Welt zu lesen, wird zum Protagonisten eines überirdischen Buchs, dessen irdische Entsprechung wiederum die Heiligenlegende selbst ist. Die Hagiographie wird somit zu einer Verlängerung des jenseitigen Aufschreibesystems. Sie beteiligt sich an einer Verschriftlichung gottgefälliger Leiden und Taten, die später, am Tag des Jüngsten Gerichts, in Reinschrift in das himmlische Buch des Lebens übertragen werden. Die Dämonen, die

---

104 Vgl. Alphonsus, *Legenda mirabilis*, 5.
105 Vgl. ebd., 6.

diesen Prozess eigentlich mit aller Macht verhindern wollen, beschleunigen diesen paradoxerweise, indem sie die Heldentaten der Heiligen erst provozieren. Als Nebendarsteller und Koautoren gehören die peinigenden und schreibenden Dämonen unabdingbar zur göttlichen Geschichtsschreibung.

Alphabetisierung der Hölle

Die Alphabetisierung der Dämonen erschöpft sich jedoch nicht in der Verschriftlichung und Verwaltung der Sünden. Nach Origenes sind die Dämonen schlau und lehren den Menschen weltliche Wissenschaften, Magie und gottlose Prophetie.[106] Der spätantike Wüstenvater Evagrius Ponticus behauptet, dass die Dämonen zahllose Sprachen erlernen, damit sie die Menschen in ihrer jeweiligen Sprache adressieren und versuchen können.[107] Der mittelalterliche Benediktinermönch Petrus Damiani bezeichnet den Teufel wiederum als ersten Grammatiker, weil dieser Adam und Eva beim Sündenfall entgegen der monotheistischen Lehre beibrachte, das Wort *deus* im Plural zu de-

---

106 Vgl. Origenes, *De principiis libri IV/Vier Bücher von den Prinzipien*, gr./lat./dt, hg. u. übs. v. Herwig Görgemanns und Heinrich Karpp, Darmstadt 1985, III 3,3-4.

107 Vgl. Evagrius Ponticus, *Kephalaia Gnostika*, 4,35. Englische Übersetzung in: *Evagrius's Kephalaia Gnostika. A New Translation of the Unreformed Text from the Syriac*, übs. v. Ilaria L. E. Ramelli, Altlanta 2015. An anderen Stellen unterstreicht Evagrius wiederum, dass die Dämonen die Sprachen nur oberflächlich beherrschen und dass sie kein tieferes Verständnis der Schriften haben. Die Dämonen werden gleichzeitig als wissend und unwissend vorgestellt: Vgl. Marion Pongracz, *Dämonen und Dämonenkampf in der ägyptischen Wüste. Ursprung und Wesen der Dämonenvorstellungen der Wüstenväter des 4. bis 6. Jahrhunderts*, unveröff. Diss., Universität Wien 2003, S. 168f.

klinieren (Gen 3,5: *Eritis sicut dii* ...); überhaupt regiert der Wissensdurst (*cupiditas scientiae*), so Damiani, die höllischen Heerscharen.[108] Um möglichst viele Menschen daran zu hindern, beim Jüngsten Gericht in das Buch des Lebens eingetragen zu werden, setzen Satan und seine Gehilfen grammatisches, rhetorisches und theoretisches – ja sogar theologisches – Wissen auf unterschiedlichste Weise ein. Eine kleine Auswahl an Beispielen soll uns einen Einblick in den Bildungsgrad der Hölle gewähren:

Zunächst äußert sich Gelehrsamkeit in den juristischen Kenntnissen der höllischen Behörden. Satan kann bekanntlich einen Pakt mit bestimmten Menschen schließen, wofür er rhetorische und notarielle Fähigkeiten braucht. Besonders berühmt ist die Theophilus-Legende, die ab dem 9. Jhd. aufkam und in zahllosen Varianten zirkulierte. Der Kleriker Theophilus von Adana schloss angeblich mit Hilfe eines jüdischen Geisterbeschwörers einen Pakt mit dem Teufel, um das Bischofsamt zu erwerben. Später zeigt er sich reumütig und löst mithilfe der Gottesmutter den teuflischen Vertrag, den er mit seinem Blut unterzeichnet hatte, wieder auf. Die Paktschließung zwischen Theophilus und dem Teufel ist ein beliebtes Motiv mittelalterlicher Buchmalerei, wobei der Akt der Ver-

---

108 Damiani verweist im selben Atemzug darauf, dass der hl. Antonius die weltlichen Wissenschaften verschmähte. Joseph Anton Endres, *Petrus Damiani und die weltliche Wissenschaft* (Beiträge zur Geschichte der Philosophie des Mittelalters, Bd. 8, Hf. 3), Münster 1910, S. 13f.

schriftlichung des Vertrags neben dem rituellen Gelübde im Laufe der ikonographischen Entwicklung zunehmend in den Vordergrund rückte.[109]

Generell setzte ab dem 13. Jhd. ein Alphabetisierungsschub ein, der sich auch in einem gesteigerten künstlerischen Interesse für die juristischen und literarischen Kompetenzen der Hölle niederschlug.[110] Vor diesem Hintergrund müssen wir die Legende vom Gerichtsprozess zwischen Satan und Jesus lesen, die der Bischof Jacobus de Theramo in seinem Buch *Litigatio Christi cum Belial* (1382) schildert, das zahlreiche Auflagen erlebte und in mehrere Volkssprachen übersetzt wurde. Das Buch berichtet, wie der rechtsgelehrte Dämon Belial Jesus im Namen Satans wegen Diebstahl anklagt, weil dieser die alttestamentarischen »Vorväter« bei seinem Abstieg in die Vorhölle unrechtmäßig befreite. Am Ende des Verfahrens, bei dem Salomon den Richter spielt und Moses Jesus vertritt, wird von vier Schiedsrichtern ein Urteil gefällt, demzufolge die Teufel beim Jüngsten Gericht zumindest die Ungerechten in die Hölle führen dürfen. Die Teufel sind über dieses Urteil höchst erfreut, führen einen Freudentanz auf und konzentrieren sich fortan darauf, die Menschen

---

109 Vgl. Jerry Root, *The Theophilus Legend in Medieval Text and Image*, Cambridge 2017, insb. S. 57f.

110 Vgl. Michael Camille, »The Devil's Writing. Diabolic Literacy in Medieval Art«, in: Irving Lavin (Hg.), *World Art. Themes of Unity and Diversity* (Acts of the Twenty-Sixth International Congress of the History of Art), University Park/London 1989, Bd. 2, S. 355-360.

im Diesseits zu verführen.[111] In einer detailfreudigen Miniatur aus einer deutschen Ausgabe des *Belial* (1461) sehen wir, wie der breitgrinsende Belial (der grüne stehende Teufel links) mit seinen Gefährten die Echtheit des Schiedsspruchs und seines Siegels gewissenhaft prüft (Abb. 22).[112] Die Belesenheit der Hölle wird durch die Brille im Gesicht eines blauen Teufels, der im Bildzentrum kniet, karikiert.

Weiter beherrschen die Dämonen magisches Wissen. Die dämonische Magie unterscheidet sich aus kirchlicher Sicht von anderen harmloseren Praktiken, d. h. von der natürlichen oder spirituellen Magie, durch ihren zeichenhaften Charakter, der sich an potenzielle Intelligenzen bzw. Leser und Leserinnen wendet.[113] Aus dieser Perspektive setzt gleichsam jede Form verdammenswerter Magie zeichenlesende Dämonen voraus.[114] Die Vorstellung, dass die Dämonen selbst den Menschen magische Schriften

---

[111] Ein Resümee der Geschichte und mehrere Abbildungen finden sich im Katalog: Jezler (Hg.), *Himmel, Hölle, Fegefeuer*, S. 364-367.

[112] Vgl. Johannes Pommeranz, »Die Hölle und ihr Rachen. Gedanken zur Alltäglichkeit eines christlichen Bildmotivs«, in: Peggy Große, Ulrich Großmann u. ders. (Hg.), *Monster. Fantastische Bilderwelten zwischen Grauen und Komik*, Nürnberg 2015, S. 378-405, S. 388f.

[113] Hierzu: Daniel Pickering Walker, *Spiritual and Demonic Magic. From Ficino to Campanella*, University Park Pennsylvania 2000. S. 36ff.

[114] Schon Augustinus schreibt, dass die Menschen durch imaginäre Zeichen (*imaginaria signa*) mit Dämonen kommunizieren, Verträge mit ihnen abschließen und von ihnen Wissenschaften erlernen: Vgl. Augustinus, *De doctrina christiana*, 2, XXIII 36,90 u. XLII 63,151.

und Bücher übermitteln, wird vor allem im Zuge des spätmittelalterlichen und frühneuzeitlichen »Hexenwahns« virulent. Auf einer Tuschezeichnung aus der Werkstatt Hans Baldung Griens (1517) sehen wir beispielsweise im Vordergrund eines Hexensabbats eine Katze, eine klassische Verkörperung des Teufels, die ein Buch liest, das in Zauberschrift geschrieben ist (Abb. 23).[115] Die Angst vor teuflischer Magie hält sich bekanntlich bis weit in die Neuzeit. Noch in der zweiten Hälfte des 17. Jhd.s behauptete der Maler Christoph Haitzmann, der durch Sigmund Freuds Aufsatz zur »Teufelsneurose« posthum berühmt wurde, dass er mit dem Teufel zwei schriftliche Pakte einging, die dann durch die Gnade der Gottesmutter im Wallfahrtsort Mariazell rückgängig gemacht wurden (die Geschichte erinnert an die Legende des Theophilus). Aus dem autobiographischen Journal, in dem Haitzmann seine dämonischen Versuchungen aufschrieb und bebilderte, erfahren wir, dass der Teufel Haitzmann u. a. ein Buch voll »Zaubereÿ und schwarze Künst« überreichte, um die krankhafte »meläncoleÿ« des Malers zu vertreiben (Abb. 24).[116] Der Teufel und die Dämonen wollen die Menschen also nicht bloß mit Zaubertricks verführen, sondern sie lehren sie darüber hinaus magi-

[115] Vgl. Holger Jacob-Friesen (Hg.), *Hans Baldung Grien: heilig | unheilig*, Berlin 2019, S. 320f.

[116] Siehe das Faksimile in: Ida Macalpine u. Richard A. Hunter, *Schizophrenia 1677. A Psychiatric Study of an Autobiographical Record of Demoniacal Possession*, London 1957, S. 67.

Abb. 22: Detail: Jacobus de Teramo, *Litigatio Christi cum Belial,* 1461, fol. 132r.

BAYRISCHE STAATSBIBLIOTHEK, MÜNCHEN.

Abb. 23: Detail: Werkstatt von Hans Baldung Grien, *Hexensabbat*.

CABINET DES ESTAMPES ET DES DESSINS, STRASSBURG.

Abb. 24: Illustration nach Christoph Haitzmann. *Trophaeum Mariano-Cellense*, Ms. 14086, fol. 3.
ÖSTERREICHISCHE NATIONALBIBLIOTHEK, WIEN.

Abb. 25: Detail: Psalter, Ms. Rawl. G. 185, fol. 81v.

BODLEIN LIBRARY, UNIVERSITY OF OXFORD.

sches Bücherwissen – ein Thema, das in den Faust-Legenden fortgeistern wird.[117]

Neben den juristischen und magischen Kenntnissen zeigt sich die intellektuelle Kapazität der teuflischen Opposition auch in ihrer Gewitztheit, die sich in polemisch-parodistischen Ausfällen gegen die Integrität religiöser und politischer Autoritäten richtet. Die Dämonen äffen, wie wir am Beispiel von Boschs *Lissaboner Triptychon* gesehen haben, gerne Kleriker nach. Wie unzählige andere groteske Wesen, die etwa in den Marginalien mittelalterlicher Manuskripte auftauchen, wollen sie mittels *parodia sacra* die Rituale der Kirche unterminieren.[118] In einem illuminierten Initial eines englischen Psalters aus dem 14. Jhd. werden die Mönche, die den Psalm innerhalb seines Anfangsbuchstabens C singen (Ps 97,1: *Cantate domino canticum novum* ...), von zwei lesenden dämonischen Figuren, die Bocksfüße bzw. einen Fischschwanz haben, parodiert (Abb. 25). Der kollektive Gesang im Schutz des göttlichen Wortes wird mit der privaten peripheren Lektüre der Dämonen kontrastiert.[119] Dass sich die Dämonen

---

117 Die Faust-Legende modernisiert die Theophilus-Legende: Vgl. Jeffrey Burton Russel, *Mephistopheles. The Devil in the Modern World*, Ithaca/London 1986, insb. S. 61-64.

118 Beispielsweise finden wir in Marginalien von Manuskripten Affen, die eine Messe zelebrieren oder heilige Bücher studieren: Horst W. Janson, *Apes and Ape Lore in the Middle Ages and the Renaissance*, London 1952, S. 168.

119 Vgl. Michael Camille, »Seeing and Reading. Some Visual Impli-

in den Psalmengesang der Mönche einmischen und diesen regelmäßig stören, wird überdies häufig in mittelalterlichen Exempla erzählt, z. B. im *Dialogus miraculorum* des Zisterziensers Caesarius von Heisterbach aus dem frühen 13. Jhd.[120] Solche Dämonen sind zweifellos mit den lesenden und singenden teuflischen Klerikern verwandt, die wir auf der zentralen Tafel des *Lissaboner Triptychons* sehen.

Ausgesprochen hinterhältige Angriffe auf die religiöse und moralische Ordnungsmacht stellen ferner die sogenannten »Teufelsbriefe« dar, die ab dem 12. Jhd. bekannt wurden. Diese polemischen Briefe, die mit dem Namen Satans, Beelzebubs, Luzifers, Leviathans usw. unterzeichnet werden, sind zumeist an geistliche und weltliche Autoritäten adressiert, bei denen sie sich überschwänglich für ihre Kollaboration, d. h. für ihre Habsucht, Raubgier, Trunkenheit, Lüsternheit, Korruption, bedanken. Diese Texte, die zunächst in Chroniken erwähnt werden und die ab dem 14. Jhd. eine regelrechte Textgattung bilden, ermöglichten es, eine unverblümte Kritik an Kirche und Staat zu äußern.[121] Bis ins Zeitalter der Reformation

---

cations of Medieval Art«, in: *Art History*, Vol. 8, No. 1 (1985), S. 26-49, S. 40f.

120 Vgl. Caesarius von Heisterbach, *Dialogus miraculorum/Dialog über Wunder*, übs. u. komm. v. Nikolaus Nösges u. Horst Schneider, Turnhout 2009, Bd. 3, 5,5.

121 Zu diesen kaum erforschten Texten: Jeffrey Burton Russel, *Luzifer. The Devil in the Middle Ages*, Ithaca NY, 1984, S. 87ff. Eine

spielte diese Textgattung eine bedeutende Rolle und so stammt ein gewisser *Sendbrief Beelzebubs an die hl. bäbstliche Kirche* möglicherweise von Luther selbst.[122] Die Tatsache, dass solche Briefe jahrhundertelang unter dem Deckmantel der Hölle verfasst wurden, beweist nicht zuletzt die ungeheure Ironie und Gelehrsamkeit, die man dem Teufel im Allgemeinen zutraute.

Fast alle genannten Aspekte der teuflischen Gelehrsamkeit spiegeln sich endlich in einer grotesken Höllenszenerie wider, die wir in einem okzitanischen Mysterienspiel über das Leben des heiligen Antonius finden. Bevor die Versuchungen des Heiligen beginnen, versetzt uns das Bühnenstück *Le mystère de Sant Anthoni de Viennès* (1503), das auf älteren Fassungen fußt und vermutlich von einem Franziskaner verfasst wurde,[123] in die Hölle, wo alle Laster und satanischen Gestalten aufmarschieren, um sich gegen Antonius zu verschwören. Bei diesem Aufmarsch zeigt der assyrische Feldherr Holofernes beispielsweise seine von Luzifer signierte Urkunde, die bestätigt,

---

Analyse einzelner Briefe bietet: Helen C. Feng, *The Devil's Letters. Their History and Significance in Church and Society, 1100-1500*, unveröff. Diss., Northwestern University 1982.

122 Vgl. Robert Wildhaber, *Das Sündenregister auf der Kuhhaut* (FF Communications, Vol. 64, No. 163), Helsinki 1955, S. 30.

123 Zu Herkunft und Hintergrund des Stücks siehe die Einleitung von Mischlewski in: Joseph Kiermeir Debre (Hg.), *Le mystère de Sant Anthoni de Viennès 1503/Das Mysterienspiel vom heiligen Antonius aus dem Viennois* (Antoniter-Form, Hf. 10), okz./fr./dt., übs. v. Gaston Tuaillon u. Peter Haberl, München 2002, S. 9ff.

dass er als Fahnenträger der höllischen Heerscharen voranschreiten darf. Der kleine Dämon Astaroth wiederum studiert Tag und Nacht das »Buch der Böswilligkeit« (*libre de chercho-mal*), weil er die Menschen die Wissenschaft lehren will, wie man Gott leugnen und seinen Nächsten schaden kann.[124] Dazu gehört fraglos die magische Kunst des Schadenzaubers. Ebenso liest Farfais, der Mann der Konkubine Luzifers, ein Buch; er wird von Luzifer »Meister aller Listen und vollkommen in allen Wissenschaften« (*mestre de trachario et perfet en toto sciencio*) genannt.[125] Farfais wird allerdings von Belial an Gelehrsamkeit übertroffen, der sich im Stück folgendermaßen vorstellt:

> Ich bin Experte und versiert | in allen sieben Künsten; | und ich wage zu behaupten, | dass es weder einen so gescheiten Doktor | noch einen Professor der Theologie | oder einen anderen großen Lehrmeister gibt, | der es wagt, mit mir zu disputieren. | Ich wage, mich zu rühmen, | obschon ich noch ein Kind bin, | dass es keinen Gelehrten gibt, | der mir keine Reverenz erweist | meinem gewaltigen Wissen zuliebe. | Wenn du etwas lernen willst, | wird dich das nichts kosten, | denn ich unterrichte dich freiwillig. | Siehst du diesen fetten Folianten? | Das ist das Buch des Hauses, | aus dem die Gefährten [der Hölle] lernen, | alles Böse zu tun. | Wenn du es

124 Vgl. *Le mystère de Sant Anthoni de Viennès*, 901.
125 Vgl. ebd., 1065f.

benutzen willst, | auf dieser Seite siehst du, was es zu lernen gilt.[126]

Der Dämon Belial, dessen Rechtsgelehrsamkeit uns bereits vertraut ist, tritt hier als Universalgelehrter auf, der die sieben freien Künste – Grammatik, Rhetorik, Dialektik, Arithmetik, Geometrie, Musik und Astronomie –, die Voraussetzung für jede wissenschaftliche Karriere, meisterhaft beherrscht. Darüber hinaus gilt er aber als unschlagbarerer Diskutant und Meister der Theologie. Die theologische Bildung ist ein neuer Aspekt, der, wie wir bald sehen werden, für das Verständnis der lesenden Dämonen, welche die Antonius-Ikonographie heimsuchen, entscheidend ist. Die geballte Gelehrsamkeit, die Belial der Menschheit didaktisch vermittelt, steht im Zeichen des Bösen. Das höllische »Buch des Hauses«, das er den Wissbegierigen zeigt, ist wohl mit dem »Buch der Böswil-

126 Ebd., 1009-1030: »Va soy aspers e galhars | En trastous los sept ars; | Et te auso dore eitant | Que la nos es doctor si grant, | Ny mais mestre en theologio, | Per grant mestre que el sio, | Que me ause deputar. | Encar my auso ventar, | A so que soy encar enfant, | Que la non es dotor si grant | Que non my faso reverencio, | Per amor de ma grant siencio; | Et sit tu en voles apenre | La non te costaré pas ren, | Car y ate ensegnarey volentier. | Ves-tu eycei aquest taulier? Eyso es lo libre de meyson, | En que aprenont li compagnion | De tot mal far; | Et sit u en voles usar, | Ve'-te eyci tantost de qué.« Ich revidiere teilweise die deutsche Übersetzung von Haberl auf der Grundlage des Originals.

ligkeit« identisch, in dem alle anderen Musterschüler der Hölle fleißig studieren.

Fäkalphantasien

Bevor wir uns auf die theologischen Kompetenzen der lesenden Dämonen konzentrieren, soll noch einmal die physische Aggressivität der Dämonen beleuchtet werden, die in der dämonischen Lektüre steckt. Wie gezeigt, gehen die Schändung des lesenden Antonius und seines Lesestoffs oft Hand in Hand. Die körperlichen Peinigungen des Heiligen, die in vielen Darstellungen so drastisch geschildert werden, sind nichts Äußerliches und Zufälliges, das die Lektüre nach Art eines Unfalls unterbricht. Antonius wird nicht von den Dämonen überfallen, obwohl er heilige Schriften liest, sondern, weil er das Wort Gottes verstehen und verwirklichen will. Satan und seine Dämonen verschwören sich nur deshalb gegen Antonius, weil dieser den Schriftsinn durch sein asketisches Leben performativ auslegen will.[127] Das Leben, das zur Exegese

[127] Damit wird Antonius selbst zu einer Art Text, der die Heilige Schrift ersetzt. Hierzu der Kommentar von Burton-Christie: »Thus a text, especially a powerfully evocative text, has the capacity continually to mean more, to overflow in an excess or surplus of meaning. [...] In the desert, Scripture's surplus of meaning endured not in the form of commentaries or homilies but in acts and gestures, in lives of holiness transformed by dialogue with Scripture. The sacred texts continued to mean more not only to those who read or encountered the text but also those encountering the holy ones who had come to embody the texts. The holy person became a new text and a new ob-

wird, orientiert sich dabei insbesondere am Text der Leidensgeschichte des göttlichen Wortes selbst. Wie alle Heiligen sucht Antonius mit seinem Leben Christus möglichst ähnlich zu werden. Seine Versuchungen sind nichts anderes als eine Substitution und Sublimierung des Martyriums, wie schon Athanasius deutlich macht.[128] Deshalb parallelisiert Bosch auf den Grisaillen der Außenflügel des *Lissaboner Triptychons* die Versuchungen des Antonius mit der Verspottung und Kreuztragung Christi.[129] Analog verbindet Grünewald die Schändung des Antonius mittels einer Inschrift mit dem Kreuzestod Jesu. Überhaupt sind alle inneren Flügel des *Isenheimer Altars* auf die Kreuzigung der Außenseite zu beziehen. Das gilt auch für die geschnitzten Leseszenen der Apostel im Inneren der bemalten Predella, die sich hinter dem gemalten Leichnam Christi verbergen (die Skulpturen stammen vermutlich von Nikolaus von Hagenau). Antonius qualvolle Unterbrechung der Lektüre wird in diesem Rahmen von der Lektüre der Evangelien gleichsam vorgeschrieben. Die *imitatio Christi* versöhnt Lesen, Leben und Leiden, womit

---

ject of interpretation.« Douglas Burton-Christie, *The Word in the Desert. Scripture and the Quest for Holiness in Early Christian Monasticism*, Oxford u. a. 1993, S. 20.

128 Athanasius beschreibt Antonius in paulinischer Terminologie als einen »Märtyrer im Gewissen« (2 Kor 1,12). Vgl. *Vita Antonii*, 47,1.

129 Vgl. Koerner, *Bosch & Bruegel*, S.173f.

sogar die Dämonen wider Willen zum Werkzeug und Nebenprodukt des göttlichen Heilsplans werden.[130]

Die märtyrerhafte Schändung des *corpus* des Heiligen wie des *corpus* der Schriften sind mitunter obszöner Natur und können dessen Besudelung involvieren.[131] Der Dämon im linken Eck von Schongauers Stich präsentiert den Betrachtern und Betrachterinnen den After und seinen erigierten Stachelpenis. Bei Grünewald streckt der (möglicherweise syphilitische) Kapuzenmann, der das Beutelbuch entwendet, dem Heiligen das Geschlecht entgegen. Auf einer Tafel aus der Bosch-Werkstatt haben wir gesehen, wie ein Teufel Antonius kopfüber den Arsch hinhält. Bei Parentino sehen wir wiederum die Geschlechtsteile der prügelnden Dämonen auf Augenhöhe des gestürzten Heiligen und am rechten Bildrand finden wir ein weiteres obszönes Motiv: Über dem feuerroten Teufel, der einen Felsbrocken auf Antonius stürzen will, wendet uns

---

130 Die Dämonen sind, wie Largier betont, ein Nebenprodukt der *imitatio Christi*, die mit der Herstellung von Ähnlichkeit zwangsläufig die Unähnlichkeit von Trugbildern produzieren muss: Niklaus Largier, »Ästhetik der Disfiguration. Ein Essay zur Versuchung des Antonius durch die Dämonen«, in: Lars Friedrich, Eva Geulen, Kirk Wetters (Hg.), *Das Dämonische. Schicksale einer Kategorie der Zweideutigkeit nach Goethe*, Paderborn 2014, S. 43-52, S. 44f.

131 Die »Obszönität« der Dämonen, die wir in vielen künstlerischen Darstellungen finden, lässt sich als ein anschaulicher Beweis der körperlichen Existenz der Dämonen verstehen: Walter Stephens, *Demon Lovers. Witchcraft, Sex, and the Crisis of Belief*, Chicago 2002, S. 106-124.

ein zweiter Dämon mit Fledermausflügeln den Rücken zu – nicht, um vor der Erscheinung des Kreuzes zu flüchten, sondern um einen Feuerfurz auf den Heiligen hinabzusenden. Die Szene verwundert kaum, wenn man bedenkt, dass die Dämonen seit der Antike mit Schmutz, Ausscheidungen und Krankheiten assoziiert wurden. Im Mittelalter glaubte man, dass sie unseren Verdauungsapparat bewohnen und unseren Körper durch alle Körperöffnungen verlassen können.[132]

Das Motiv obszöner Besudelung wurde im Rahmen der Antonius-Ikonographie allerdings hauptsächlich im 16. und 17. Jhd. entwickelt. In dieser Phase, in welcher der Unterhaltungswert neben der geistlichen Vorbildfunktion mehr und mehr hervortritt, experimentieren manche Darstellungen des Heiligen mit Fäkalphantasien. So wie Christus von den römischen Soldaten verspottet und angespuckt wird, wird Antonius von den Dämonen besudelt. Etwa defäkiert ein Affe auf einem Holzschnitt des Bosch-Nachfolgers Jan Wellens de Cock (1522), der mehrere Szenen der Heiligenlegende kontrahiert, von einem Baum auf den Heiligenschein des Antonius, der sich gerade betend über ein Kreuz beugt.[133] Oder wir sehen in

---

132 Während der Heilige Geist in die Seele und das Herz der Menschen dringt, bewohnen die Dämonen den Körper und insbesondere den Verdauungsapparat. Vgl. Nancy Caciola, *Discerning Spirits. Divine and Demonic Possession in the Middle Ages*, Ithaca NY 2015, S. 197-205.

133 Vgl. Westheider u. Philipp (Hg.) *Schrecken und Lust*, S. 187.

einer Miniatur eines Gebetsbuchs aus dem späten 16. Jhd., wie ein Dämon, der auf einem Ast sitzt, wortwörtlich auf den Heiligen und sein Buch scheißt (Abb. 26).[134] Der *versunkene Leser* ist im Begriff, sich in einen *beschissenen Leser* zu verwandeln. Dies ist zugleich eine Warnung an die Leser und Leserinnen des Gebetsbuchs selbst.

Sobald der *geschändete Leser* im Zuge dieser Entwicklung besudelt wird, droht Antonius' Martyrium endgültig ins Tragikomische zu kippen. Ein besonders radikales Beispiel stellt eine Radierung von Jacques Callot dar, der sich wiederholt mit den Versuchungen des hl. Antonius auseinandersetzte.[135] Auf der ersten Radierung (1617), die der Künstler dem Thema widmete (die zweite wird uns auch noch begegnen), wird Antonius, der sich kaum erkennbar im Hintergrund eines bühnenartigen Wimmelbildes in einer zerklüfteten Grotte verbirgt, von duzenden Dämonen malträtiert (Abb. 27).[136] Mehrere Teufel züchtigen Antonius mit Ruten, einer schleudert aus der Luft einen Gesteinsbrocken auf ihn hinab und eine nackte Hexe zerrt ihn an seiner Kutte zu Boden; gleichzei-

---

[134] Vgl. ebd., S. 191.

[135] Neben zwei Radierungen gibt es noch mehrere Vorzeichnungen. Vgl. Lydia Ugloff, »Drawings of Jacques Callot for the Tempations of St. Anthony«, in: *The Burlington Magazine for Conoisseurs* 67, No. 392 (1935), S. 220-224.

[136] Callots Komposition ist von der zeitgenössischen Theaterarchitektur beeinflusst. Hierzu: Helen Diane Russell, *Religious Prints and Drawings by Jacques Callot*, unveröff. Diss., Johns Hopkins University 1970, insb. S. 182-186.

tig kackt ein geflügelter Dämon Antonius auf den Kopf und ein anderer in das aufgeschlagene Buch, in dem der Heilige wohl wenige Augenblicke zuvor blätterte. Der Leser und sein Stoff werden simultan geschändet. Die blasphemische Besudelung, die sich bei Callot im Verborgenen abspielt, rückt eine Generation später in Grafiken von Lodovico Ottavio Burnacini, der sich ebenfalls mehrfach mit der Thematik beschäftigte, stärker in den Vordergrund. Auf einer Zeichnung Burnacinis (vermutlich nach 1674), die sich offensichtlich an Callot und Bosch orientiert, hebt ein Dämon über dem Höhleneingang seinen Schwanz, um auf den Heiligen, der ein Kruzifix umklammert, herabzuscheißen (Abb. 28).[137] Doch die obszöne Geste beschränkt sich nicht auf die Höhle; sie breitet sich – invasiver als bei Callot – über das ganze Blatt aus, auf dem es nur so von pissenden, furzenden, scheißenden grotesken Gestalten wimmelt. Die »Karnevalisierung der Hölle«[138] wird auf die Spitze getrieben und das Komische gewinnt die Überhand. Die Szene, die Callot auf einer Phantasiebühne orchestriert, verwandelt sich in eine re-

---

137 Siehe den Katalog: Rudi Risatti (Hg.), *Groteske Komödie in den Zeichnungen von Lodovico Ottavio Burnacini (1633-1707)*, Wien 2019, S. 138.

138 Dieser Prozess beginnt bereits in den Diablerien der mittelalterlichen Mysterienspiele: Bachtin, *Rabelais und seine Welt*, S. 366ff. Ein Beispiel haben wir mit *Le mystère de Sant Anthoni de Viennès* bereits zitiert.

Abb. 26: Gebetsbuch von St. Truiden, Inv.-Nr. 75 A 2/4, fol. 85v.
KONINKLIJKE BIBLIOTHEEK, DEN HAAG.

Abb. 27: Jacques Callot, *Versuchungen des hl. Antonius* (erste Version), PRINCETON UNIVERSITY ART MUSEUM.

Abb. 28: Lodovico Ottavio Burnacini, *Versuchungen des hl. Antonius*. THEATERMUSEUM, WIEN.

gelrechte Barockkulisse.[139] Burnacini war am kaiserlichen Hof in Wien als Bühnen- und Kostümbildner tätig und einige der seltsamen Wesen, die wir in seinen Versuchungen finden, kehren in seinen Studien karnevalesker Kostüme wieder. Es ist nicht auszuschließen, dass die Versuchungen des Antonius damals in ähnlicher Art und Weise tatsächlich als grotesk-komisches Theaterstück aufgeführt wurden.[140]

Selbst wenn die Versuchungen und Schändungen des Heiligen bei Callot und Burnacini – wie allgemein im 17. Jhd. – zunehmend zum profanen Spektakel werden und sich mit Motiven der *Commedia dell'arte* vermengen,[141] wird ihr Sakrileg dadurch kaum abgemildert. Die Schutzmacht des göttlichen Wortes wird in Gestalt des Buchs durch die Besudelung entweiht. Dieser Vorgang wird in Callots Radierung durch ein winziges Detail mit der Leseaktivität der Dämonen, die sowohl in seinen wie auch in Burnacinis »Versuchungen« zu finden ist, gleichgesetzt.[142]

---

[139] Vgl. Sabine Solf, *Festdekoration und Groteske. Der Wiener Bühnenbildner Lodovico Ottavio Burnacini. Inszenierung barocker Kunstvorstellung*, Baden-Baden 1975, S. 113f.

[140] Dies vermutet Risatti auf der Grundlage einer Skizze für einen Bühnenentwurf und eines Briefs von Kaiser Leopold I: Risatti (Hg.), *Groteske Komödie*, S. 133.

[141] Solf spricht von einem »barocken Optimismus«, der das »Grauen und Chaos« der Bosch-Tradition ins »Grotesk-Komische« verwandelt. Vgl. Solf, *Festdekoration und Groteske*, S. 119.

[142] Im linken unteren Eck des erwähnten Blatts von Burnacini sehen wir beispielsweise einen grotesken (dämonischen) Leser. Ebenso fin-

Die Brille, die bei Callot in Anlehnung an den berühmten Topos des teuflischen »Arschgesichts«[143] auf dem Stummelschwanz des bibelschändenden Dämons balanciert, parallelisiert auf perfide Weise den Akt des Lesens und Scheißens. Indem die Dämonen ihren Schmutz und Kot von außen in die Lektüre hineintragen, wollen sie die Heiligen Schriften buchstäblich mit ihrem eigenen Inhalt füllen.

---

den wir zwei dämonische Leser auf der zweiten Radierung von Callot, auf die ich zurückkommen werde.

[143] Das teuflische »Arschgesicht« entwickelte sich wahrscheinlich aus den grotesken Mischwesen der Antike, den sogenannten *Grilli*, die Gesichter an allen möglichen Körperstellen haben konnten. Zu diesen Wesen siehe: Jurgis Baltrušaitis, *Le moyen âge fantastique. Antiquités et exotismes dans l'art gothique*, Paris 1955, S. 11ff.

Mönchsmaskerade

Die lesenden Dämonen beteiligen sich als implizite und performative Leser an der Schändung des Heiligen und werden im Hinblick auf das persönliche und universelle Gericht zu einem Instrument der dämonischen bzw. göttlichen Verschriftlichung des Lebens. Noch ehe die dämonische Lektüre aber der Schändung dient, kann sie eine maskierende Funktion erfüllen. Das erfahren wir aus mehreren hagiographischen Quellen: In einer Episode der mehrfach erwähnten mittelalterlichen *Legenda mirabilis* wird beispielsweise erzählt, wie der Teufel einst die Gestalt eines frommen einsiedlerischen Mönchs annahm, um den Heiligen zu überlisten. Antonius freut sich zunächst, in der Einsamkeit der Wüste einen Mitstreiter anzutreffen. Doch als er Gott anfleht, ihm den wahren Charakter des unverhofften Eremiten zu enthüllen, streift dieser seine Verkleidung ab und gibt sich in einem langen Monolog als Feind Gottes zu erkennen, der die Menschen seit biblischen Zeiten in Versuchung führt. Anschließend ruft der Teufel bewaffnete Dämonen herbei, mit denen er den Heiligen zwei Tage und Nächte lang foltern wird.[144]

Diese Geschichte wird im genannten Kodex der *Vita et acta Antonii abbatis* (1426) dargestellt, der die wichtigs-

---

[144] Vgl. Alphonsus, *Legenda mirabilis*, 57.

ten legendären Überlieferungsstränge versammelt: *Vita Antonii*, *Vitae patrum*, *Legenda breviarii*, *Legenda mirabilis*.[145] Die *Vita et acta Antonii*, die der Buchmaler Fournier mit 196 kunstvollen Miniaturen ausschmückte, entstand im Auftrag des Mutterklosters der Antoniter in Saint-Antoine-l'Abbaye.[146] Auf einem Blatt, das die referierte Episode vom Verkleideten Teufel veranschaulicht, kniet Antonius neben dem falschen Mönch und betet zu Gott. Der Teufel steht vor einer Kirche, trägt eine Mönchskutte und blättert in einem Gebetsbuch; seine wahre Natur ist nur an seinen Hörnern zu erkennen (Abb. 29).[147] Diese Details, welche die Szene ausschmücken und von der Wüste in einen zeitgenössischen klösterlichen Kontext katapultieren, sind wahrscheinlich genuine Bilderfindungen. Zumindest lassen sie sich weder der Bildunterschrift noch der *Legenda mirabilis* oder irgendeiner anderen

---

145 Ein Transkript aller Bildunterschriften mit Quellenangaben findet sich in der Faksimile-Ausgabe eines Zwillingsmanuskripts der *Vita et acta Antonii abbatis*, das sich in der Biblioteca Medicea Laurenziana in Florenz befindet: Claudia Cappeletti (Hg.), *Sant'Antonio Abate. La vita e le opere. Commentario*, Modena 2013, S. 49-94.

146 Dort sollte das Buch ein bemaltes Leintuch ersetzen, das die Taten und Wunder des Heiligen enthielt. Vielleicht folgt die Ikonographie der Buchmalerei diesem älteren Modell. Vgl. Graham, »A Picture-Book of the Life of St. Anthony the Abbot«, S. 3ff.

147 In der Kopie des Manuskripts in Florenz trägt der Teufel die Kutte eines Benediktiners, was vielleicht auf den Streit zwischen den Antonitern und Benediktinern zurückzuführen ist, die sich um die Reliquien des Heiligen stritten: Cappeletti (Hg.), *Sant'Antonio Abate,* S. 168.

identifizierbaren schriftlichen Quelle unmittelbar entnehmen.

Wenige Seiten weiter stoßen wir in den *Vita et acta Antonii* erneut auf teuflische Leser. Dieses Mal korrespondieren sie aber mit dem Text, der Athanasius' *Vita Antonii* paraphrasiert. Ein Blatt zeigt, wie Antonius in der Klosterkirche mit einer Gruppe von Dämonen in Mönchsmaskerade, die Bücher in ihren Händen halten, spricht. Zur gleichen Zeit fliegen zwei schwarze Dämonen über das Kirchendach und ein weiterer, der einen Heiligenschein trägt, schwebt hinter Antonius auf einer Wolke über der Schwelle der Kirche (Abb. 30). Im lateinischen Text unter der Miniatur lesen wir, dass Antonius die Dämonen besiegte. Er vertrieb sie durch sein Gebet, als sie ihn beeindrucken wollten, indem sie u. a. die Nilschwemme prophezeiten, ein gewaltiges Wetterleuchten verursachten oder indem sie Psalmen sangen oder mit dem Heiligen über die Heiligen Schriften diskutierten.[148] Auf dem Folgeblatt sehen wir hingegen, wie Antonius in der Kirche einem Teufel begegnet, der sich als Christus tarnt und einen Heiligenschein trägt. Außerdem erscheint ein teuflischer Mönch, der dem Heiligen ein Stück Brot

148 Transkription der Bildunterschrift: »Quomodo sanctus demones diversimode ei apparentes nunc augmenta Nili futura predicendo nunc cum ingeni lumine fulgorem prebendo aliquando psallentes et de scripturis sermocinantes tamquam non audiens et non videns orationibus fugabat eorum lumen extinguendo. Athanasius.« Ebd., S. 63.

anbietet, um dessen Fasten zu brechen. Unterdessen tanzen Dämonen auf dem Dach des Klosters und andere schwingen im Vordergrund Sensen in der Luft (Abb. 31). Der Text erklärt, dass der Dämon in Gestalt Christi und in Gestalt eines Mönchs erschien, um den Heiligen zu verführen und um ihn vom Fasten abzuhalten. Außerdem brachten die Dämonen das Kloster zum Beben und trieben Antonius mit pfeifenden Geräuschen in den Wahnsinn, ehe Antonius sie durch Kreuzzeichen und Gebete vertrieb.[149] Die Doppelseite interpretiert und kompiliert mehrere dämonische Begegnungen, die Athanasius in seiner Legende beiläufig beschreibt. Fast alle Versuchungen, die hier benannt und bebildert werden, wurden laut *Vita Antonii* von Antonius selbst in seiner großen Rede an die Mönche genannt, auch wenn ihre Ursachen – das Tanzen, Sensenschwingen – nicht näher geschildert werden.[150] Nur die perfideste Versuchung, die Verwandlung Satans in Christus, findet sich in dieser Form nicht bei Athanasius.[151] Damit überbietet die *Vita et acta Antonii* die *Vita*

---

149 Transkription: »Quomodo demon apparet excelsus se filium Dei asserens et ieiunanti monachus offerens panem ad vescendum. Commoverunt etiam sepe monasterium sepe strepitus et sibillos iniecerunt sed signo crucis et orationibus sancti fugati evanuerunt. Athanasius.« Ebd., S. 63.

150 Vgl. Athanasius, *Vita Antonii*, 25,1; 26,6; 32,1; 39,4ff.

151 In der *Vita Antonii* ist nur davon die Rede, dass Antonius ein riesengroßer Dämon erschien, der sich als »Kraft Gottes« (*dynamis tou theou*) ausgibt (40,1). Dahingegen erscheint der Teufel in anderen Geschichten konkreter in Gestalt Christi, z. B. in der einflussreichen

Abb. 29: Robin Fournier, *Vita et acta Antonii abbatis*, Ms. 1, fol. 21r.

NATIONAL LIBRARY OF MALTA, LA VALETTA.

Abb. 30: Robin Fournier, *Vita et acta Antonii abbatis*, Ms. 1, fol. 23v.

NATIONAL LIBRARY OF MALTA, LA VALETTA.

Antonii in ihrer Annäherung und Vermischung des Heiligen und Teuflischen. Der Heiligenschein wird zum Schein des Heiligen.

Die Miniaturen der *Vita et acta Antonii* modernisieren das architektonische und kulturelle Setting der antiken Legende. Die *Vita Antonii* berichtet zwar, dass Antonius Mönche um sich scharte, nicht aber, dass er ein Kloster gründete; darin folgen die *Vita et acta Antonii* der *Legenda breviarii*. Sodann erwähnt Athanasius wiederholt, dass die Dämonen Psalmen singen oder aus den Schriften rezitieren, ohne freilich zu präzisieren, dass sie aus Büchern lesen. Wie eingangs erwähnt, beschrieb Athanasius die Wüste als eine bücherfreie Zone, einen oral geprägten Kulturraum, in dem das lebendige Gedächtnis den toten Buchstaben weitgehend verdrängte.[152] Darum bleibt ungewiss, ob Athanasius an Lesungen aus Büchern oder aus dem Gedächtnis denkt, wenn er Antonius fol-

---

Legende des hl. Martin: Vgl. Sulpicius Severus, *Vita sancti Martini/Das Leben des heiligen Martin*, lat./dt., übs. v. Gerlinde Huber-Rebenich, Stuttgart 2010, 24,4-6. Auch in den Apophthegmata und in den Schriften des Evagrius Ponticus simulieren die Dämonen wiederholt heilige Erscheinungen und schlüpfen in die Rolle Jesu. Hierzu: Pongracz, *Dämonen und Dämonenkampf in der ägyptischen Wüste*, S. 92-97.

152 Allgemein über »Wüstenväter«, die ihre Bücher verkauften oder den Besitz von Büchern verachteten: Burton-Christie, *The Word in the Desert*, S. 115-129. Zur tatsächlichen Existenz von Büchern in der Wüste siehe: Hermann Dörries, »Die Bibel im ältesten Mönchstum«, in: ders., *Wort und Stunde. 1. Gesammelte Schriften zur Kirchengeschichte des 4. Jahrhunderts*, Göttingen 1966, S. 251-276.

Abb. 31: Robin Fournier, *Vita et acta Antonii abbatis*, Ms. 1, fol. 24r.

NATIONAL LIBRARY OF MALTA, LA VALETTA.

gende Worte über das Wesen der Dämonen in den Mund legt:

> Listig sind sie aber und bereit, sich in alles zu verwandeln und darzustellen. Vielfach geben sie sich den Anschein, ohne dabei [sichtbar] in Erscheinung zu treten, Psalmen zu singen, und sie bringen die Worte aus der Schrift in Erinnerung. Es kommt vor, dass sie, wenn wir vorlesen/rezitieren, unmittelbar wie ein Echo vielfach das wiederholen, was gelesen/rezitiert wurde; häufig aber wecken sie uns, wenn wir schlafen, zum Gebet auf. Und das machen sie ständig, sie gestatten uns kaum zu schlafen. Auch kommt es vor, dass sie sich in Gestalt von Mönchen präsentieren und den Eindruck erwecken, wie Fromme zu reden, um uns durch die gleiche Gestalt zu verwirren; und dann schleppen sie die Getäuschten mit sich, wohin sie wollen. Aber man darf sie nicht beachten, auch wenn sie uns zum Gebet wecken oder uns raten, überhaupt nichts mehr zu essen, wenn sie vorgeben, uns zu tadeln und Vorwürfe zu machen für das, was sie von uns einmal mitbekommen haben. Denn sie tun dies nicht aus Frömmigkeit oder der Wahrheit willen, sondern um die Lauteren in Verzweiflung zu stürzen und die asketischen Übungen als nutzlos hinzustellen, um die Menschen krank zu machen, als ob das Leben in der Abgeschiedenheit unerträglich und beschwerlich sei, und so die zu behindern, die (im Kampf) gegen sie so leben.[153]

---

[153] Athanasius, *Vita Antonii*, 25,1-4: »Δόλιοι δε εἰσι καὶ ἕτοιμοι πρὸς πάντα μεταβάλλεσθαι καὶ σχηματίζεσθαι. Πολλάκις γοῦν καὶ ψάλλειν μετ᾽ᾠδῆς προσποιοῦνται μὴ φαινόμενοι, καὶ μνημονεύουσι τῶν ἀπὸ τῶν γραφῶν λέξεων. Ἔστι δὲ ὅτε καὶ ἀναγιγνωσκόντων ἡμῶν, εὐθὺς ὥσπερ

Die Dämonen sind für Antonius/Athanasius universelle Verwandlungskünstler, die als übernatürliche Schauspieler in jede Rolle schlüpfen können. Besonders häufig treten sie als unsichtbare Stimmen auf, welche die Texte der Heiligen Schriften singen, erinnern und wiederholen. Als böswillige Souffleure versuchen sie die Menschen zu verwirren, wenn diese die Schriften lesen oder aus dem Gedächtnis rezitieren.[154] Ob es sich dabei um innere oder äußere Stimmen handelt, lässt sich nicht mit Sicherheit sagen – jedenfalls wollen sie die Aufmerksamkeit der Lesenden spalten und ihre religiösen Gedanken stören.[155]

ἠχὼ λέγουσιν αὐτοὶ ταῦτα πολλάκις ἅπερ ἀνέγνωσται, πολλάκις δὲ καὶ κοιμωμένους ἡμᾶς διεγείρουσιν εἰς προσευχάς. Καὶ τοὺτο συνεχῶς ποιοῦσιν, σχεδὸν μὴ ἐπιτρέποντες ἡμῖν μηδὲ κοιμᾶσθαι. Ἔστι δὲ ὅτε καὶ ἀποτυποῦντες ἑαυτοὺς εἰς σχήματα μοναχῶν, ὡς εὐλαβεῖς προσποιοῦνται λαλεῖν, ἵνα τῷ ὁιμοίῳ σχήματι πλανήσωσι καὶ λοιπὸν ἔνθα θέλουσιν ἑλκύσωσι τοὺς ἀπατηθέντας παρ᾽αὐτῶν. Ἀλλ᾽οὐ χρὴ προσέχειν αὐτοῖς, κἂν εἶς προσευχὴν ἐγείρωσιν, κἂν συμβολεύωσι μηδ᾽ὅλως ἐσθίειν κἂν κατηγορεῖν καὶ ὀνειδίζειν προσποιῶνται, ἐν οἷς ποτε συνέγνωσαν ἡμῖν. Οὐ γὰρ δι᾽ εὐλάβειαν ἢ ἀλήθειαν ταῦτα ποιοῦσιν, ἀλλ᾽ ἵνα τοὺς ἀκεραίους εἰς ἀπόγνωσιν ἐνέγκωσιν καὶ ἀνωφελῆ τὴν ἄσκησιν εἴπωσιν, ναυτιᾶσαί τε ποιήσωσι τοὺς ἀνθρώπους, ὡς φορτικοῦ καὶ βαρυτάτου ὄντος τοῦ μονήρους βίου, καὶ ἐμποδίσωσι τοὺς κατ᾽ αὐτῶν πολιτευομένους.«

154 Das griechische Verb *anagignōskein*, das Athanasius benutzt, kann sowohl »(wieder)erkennen«, »lesen« als auch »rezitieren« bedeuten.

155 Da das stille Lesen eine späte »Erfindung« ist, vermutet Balogh, dass Athanasius hier von einer lauten Rezitation spricht: Josef Balogh, »Voces paginorum. Beiträge zur Geschichte des lauten Lesens und Schreibens« (Teil 1), *Philologus*, Vol. 82, 1-4 (1927), S. 84-109, S. 103. Stoffels spricht unter Rückgriff auf einen psychiatrischen Begriff von einem »Doppeldenken«, worunter eine Art Gehörshalluzi-

Darüber hinaus wollen sie aber ihre Opfer durch geistige Überspannung schwächen: Schlafentzug, übertriebene Skrupel, exzessives Fasten und Beten sollen diese seelisch brechen, damit sie sich hernach umso leichter verführen lassen. Verfehlen die Stimmen den gewünschten Effekt, erscheinen die Dämonen in Gestalt von Mönchen, um ihr Gegenüber durch fromme Reden zu täuschen und vom asketischen Lebensweg abzubringen. In voller Körperlichkeit zeigen sich die Dämonen erst am Höhepunkt einer ganzen Serie von Versuchungen, die bei Athanasius zunächst auf der Ebene der Worte und Gedanken (*logismoí*) beginnen, bevor sie sich in sichtbaren Erscheinungen (*phantasíai*) äußern.[156] Offensichtlich wollen die Dämonen ihre physischen Kräfte und schauspielerischen Talente gezielt einsetzen und nicht nutzlos vergeuden.

---

nation zu verstehen ist, die besonders häufig beim Lesen auftritt: Joseph Stoffels, »Die Angriffe der Dämonen auf den Einsiedler Antonius. Ein Beitrag zur Geschichte der Mystik«, in: *Theologie und Glaube. Zeitschrift für den katholischen Klerus*, Zweiter Jahrgang (1910), S. 721-732 u. S. 809-830, S. 823f.

156 Diese dämonologische Dramaturgie wurde auch von Evagrius Ponticus übernommen. Hierzu: Brakke, *Demons and the Making of the Monk*, S. 29ff. Dass die dämonischen Mönche in Gestalt von *phantasíai* auftauchen, heißt nicht, dass sie deshalb irreal sind, wie Goehring fälschlich behauptet: James E. Goehring, »The Dark Side of Landscape. Ideology and Power in the Christian Myth of the Desert«, in: Philip Rousseau (Hg.), *The Cultural Turn of Late Ancient Studies. Gender, Ascetism, and Historiography*, North Carolina 2005, S. 136-149, S. 141. Die *phantasía* ist, wie mehrfach betont, für Athanasius kein rein subjektiver Begriff.

Die zitierte Textstelle liefert eine Erklärung dafür, warum wir in der Antonius-Ikonographie wiederholt Dämonen finden, die sich als Mönche maskieren und als visuelles Echo die Lesetätigkeit des Heiligen spiegeln. Das Buch und das Lesen erweisen sich als wesentlicher Bestandteil einer Verkleidung, mit deren Hilfe sich die Dämonen möglichst unauffällig ihren Feinden nähern, damit sie sich schließlich in deren Lektüre und Gedanken einschleichen können. Das Wort und das Buch erstarren zur Maske. Dieser Vorgang wird mehr als ein Jahrtausend später von einer grotesken Figur verkörpert, die in einer Zeichnung Burnacinis zum Thema der Versuchungen des Antonius auftaucht: Während sich der Heilige im Hintergrund über sein Buch beugt und im Mittelgrund ein stehender Dämon mit Halskrause in einem aufgeschlagenen Buch liest, sehen wir im Vordergrund einen Dämon, der sich als Buch verkleidet (Abb. 32). Der Dämon, für den Burnacini sogar ein eigenes Kostüm entwarf, wohnt wie eine Schnecke in ihrem Haus in dem Buch, dessen Rücken die Initialen des Künstlers zieren.[157] Mit seinen Armen entrollt das bibliophile Wesen ein Blatt, das, falls es beschrieben ist, nur von den anderen Dämonen gelesen werden könnte – etwa vom Hummer mit Hut, der augenscheinlich die Glocke des Antonius gestohlen hat. Die At-

[157] Das lebendige Buch taucht auch in Burnacinis phantasievollen Kostümentwürfen *Nani e Maschere ridicole* auf. Siehe: Risatti (Hg.), *Groteske Komödie*, S. 147.

Abb. 32: Detail: Lodovico Ottavio Burnacini, *Tentacioni di S. Antonio*.

THEATERMUSEUM, WIEN.

tribute des Heiligen werden Teil der teuflischen Maskerade. Die Theatralität der Dämonen, die bereits in der *Vita Antonii* angelegt ist, wird von Burnacini auf karnevaleske Weise nach außen gestülpt und demonstrativ zur Schau gestellt.

Parasiten der Schrift

Die Dämonen schwirren um die Schrift wie Insekten um das Licht. Caesarius von Heisterbach berichtet von einem Kanoniker in Bonn, der, immer wenn er nachts beten will, von einem Dämon belästigt wird. Der Dämon verdeckt Buchstaben, blättert in dem Gebetsbuch oder bläst die Kerze aus, in deren Schein der Geistliche lesen will.[158] Die hl. Genoveva wird gerne mit einem Buch, einer Kerze und einem Dämon dargestellt. Der Dämon blies angeblich einst die Kerze aus, in deren Schein sie lesen wollte, ehe ein Engel die Kerze wieder anzündet.[159] Der hl. Dominikus wiederum bändigt legendären Berichten zufolge einen verwandten Dämon, der ihm in Gestalt eines Affen erscheint, und zwingt diesen, seine Kerze zu halten, wenn er nachts schreibt oder liest.[160] Eine analoge Szene ist uns in einem Gemälde von Jan Breughel d. Ä. begegnet, auf dem ein Frosch dem lesenden Antonius mit einer Kerze leuchtet. Luzifer erweist sich im ursprünglichen Sinn des Wor-

---

[158] Vgl. Caesarius von Heisterbach, *Dialogus miraculorum,* 5,53.

[159] Diese Szene wird etwa auf einem Außenflügel eines Diptychon von Hugo van der Goes (um 1479) im Kunsthistorischen Museum Wien dargestellt. Abbildung in: Silver, *Hieronymus Bosch*, S. 100.

[160] Siehe die Dominikusvita der Cäcilia Romana: Angelus Walz (Hg.), »Die ›Miracula beati Dominici‹ der Schwester Cäcilia«, in: *Miscellanea Pio Paschini. Studi di storia ecclesiastica*, 14, 1/4 (1948), S. 293-326, S. 312.

tes als »Lichtbringer«. Meist zeigen sich die Dämonen jedoch weniger kooperativ und verschwören sich. Sie versuchen, die Lektüre zu verhindern, zu irritieren, zu infiltrieren.

Dass die Heiligen Schriften die Dämonen nicht nur vertreiben, sondern sie oftmals sogar anlocken können, demonstrieren nicht nur mittelalterliche Exempla und Legenden. Die ambivalente Haltung der Dämonen gegenüber der Schrift lässt sich schon in den ältesten Sprüchen und Anekdoten der Wüstenväter und Wüstenmütter erkennen, den sogenannten *Apophthegmata patrum*, die teilweise in das lateinische *corpus* der *Vitae patrum* eingingen.[161] Viele Sprüche betonen die apotropäische Macht der Schriften. So wird etwa in einem kleinen Dialog, der in einer griechischen Sammlung tradiert wird, die Wirkung der Schrift mit magischen Worten verglichen. Ein Mönch, der von dämonischen Gedanken (*logismoí*) der Unzucht gequält wird, wendet sich an einen erfahrenen Wüstenvater, einen Abba, und klagt, dass er bei seinen Gebeten und Rezitationen der Schrift, mit denen er gegen die Dämonen kämpft, keine tiefere Reue empfindet:

> »Sieh an, Abba, ich rezitiere, aber ich verspüre keine Reue in meinem Herzen, da ich die Bedeutungsmacht der Aussage

---

161 Eine Einführung in die unterschiedlichen Überlieferungsstränge und die literarische Form der *Apophthegmata* bietet: William Harmless, *Desert Christians. An Introduction to the Literature of Early Monasticsm*, Oxford/New York 2004, insb. S. 167-173.

> [die ich zitiere] nicht kenne.« Dieser [der Abba] aber antwortete ihm: »Rezitiere nur. Ich habe gehört, dass Abba Poemen und viele andere Väter folgenden Spruch äußerten: ›Der Schlangenbeschwörer kennt nicht die Bedeutungsmacht der Worte, die er äußert, aber das Biest [die Schlange] hört und weiß, unterwirft sich und wird demütig.‹ So ist es auch mit uns; auch wenn wir die Bedeutungsmacht der Worte, die wir rezitieren, nicht kennen, die Dämonen hören sie und fliehen aus Angst.«[162]

Wir müssen die Bedeutungsmacht einer Aussage (*dynamis tou lógou*) nicht selbst mit unserem Herzen völlig verstehen und empfinden, damit diese ihre antidämonische Wirkung entfaltet. *Dynamis* meint weniger eine rein semantische Bedeutung denn eine pragmatisch-rhetorische Wirksamkeit, weshalb das Apophthegma offenlässt, ob die Schlangen/Dämonen die rezitierten Texte auf der Bedeutungsebene verstehen. Auch Autoren wie Athanasius

---

162 *Anonyme Apophthegmata*, Nr. 184: »Ἰδοὺ μελετῶ, ἀββᾶ, καὶ οὐκ ἔστι μοι κατάνυξις ἐν τῇ καρδίᾳ μου, ὅτι οὐκ οἶδα τὴν δύναμιν τοῦ λόγου. Ὁ δὲ εἶπεν αὐτῷ· Σὺ μόνον μελέτησον. Ἤκουσα γὰρ ὅτι εἶπεν ὁ ἀββᾶς Ποιμὴν καὶ πολλοὶ τῶν πατέρων τὸν λόγον τοῦτον· ὅτι ὁ ἐπαοιδὸς οὐκ οἶδε τῶν ῥημάτων ὧν λέγει τὴν δύναμιν, ἀλλὰ τὸ θηρίον ἀκούει, καὶ οἶδεν καὶ ὑποτάσσεται καὶ ταπεινοῦται. Οὕτως καὶ ἡμεῖς, κἂν οὐκ οἴδαμεν τῶν ῥημάτων τὴν δύναμιν, ὧν λαλοῦμεν, ἀλλ’ οἱ δαίμονες ἀκούοντες φόβῳ ἀναχωροῦσιν.« Text in: *The Anonymous Sayings of the Desert Fathers. A Select Edition and complete English Translation*, übs. v. John Wortley, Cambridge 2013. Hier und im Folgenden Übs. J. M. Zu diesem Apophthegma siehe: Burton-Christie, *The Word in the Desert*, S. 124f.

oder Evagrius schreiben der Schrift jedenfalls eine phonetische Wirkung zu, die diesseits der Semantik im engeren Sinn liegt. Allein die Melodie der Psalmen, so bekräftigen sie, übt eine heilsame und schützende Wirkung auf die menschliche Seele aus. Athanasius beeilt sich jedoch zu unterstreichen, dass die Macht der Worte auf der Präsenz Gottes in der Heiligen Schrift beruht und nicht auf der sinnlichen Präsenz der Worte selbst.[163] Die Worte wirken nicht aus sich selbst und rufen keine göttlichen oder dämonischen Mächte herbei; sie sind von Gott durchdrungen – der absolute Sinn imprägniert das Zeichen bis in seine Rhythmik und Phonetik hinein. Durch solch theologische Gratwanderungen will sich die Amtskirche von der heidnischen Magie und einer magischen Deutung des Christentums abgrenzen. Dennoch reicht die Analogie zwischen Mönch und Schlangenbeschwörer in der konkreten Praxis und populären Vorstellungswelt sicher weit tiefer, als es Athanasius und anderen Kirchentheologen und Kirchentheologinnen in der Theorie lieb ist.[164]

---

163 Für Athanasius, der die reinigende und antidämonische Macht der Schriften in seinem *Brief an Marcellinus* und in der *Vita Antonii* betont, unterscheidet die Präsenz Gottes die biblischen Schriften grundsätzlich von magischen Texten. Hierzu die Einleitung von Brakke in: Evagrius Ponticus, *Talking Back. A Monastic Handbook for Combating Demons*, übs. u. eing. v. David Brakke, Minnesota 2009, S. 13 u. S. 21f.

164 Über die Nähe von Magie und ritueller christlicher Sprachpraxis siehe z. B.: Dayna S. Kalleres, *Excorcising the Devil to Silence Christ's*

Trotz der apotropäischen Wirkung des göttlichen Wortes zeigen die Dämonen in anderen Apophthegmata kaum Scheu vor den Schriften. In einer außergewöhnlichen Anekdote, die in derselben Spruchsammlung zu finden ist, begegnen wir sogar einem Dämon, der weite Teile der Bibel auswendig kennt:

> Als einer der Väter gerade in seiner eigenen Zelle war, kam ein Dämon zu ihm und schlüpfte ins Bett des Alten und begann das Buch Numeri auswendig zu rezitieren. Da er [der Abba] ihn ignorierte, verwandelte sich der Dämon in Gestalt eines Bettlers und hinkte mit einer Krücke und einem kleinen Korb dem Älteren entgegen. Der Ältere sagte zu ihm: »Kannst du sie [die Schrift] auswendig rezitieren?« »Ja«, entgegnete jener, »das Alte Testament.« Der Ältere sagte zu ihm: »Kennst du das Neue Testament nicht?« Als der Dämonen [das Wort] »das Neue« hörte, wurde er unsichtbar.[165]

Enemies. Ritualized Speech Practices in Late Antique Christianity, Diss., Brown University 2002, S. 18ff.

165 *Anonyme Apophthegmata*, Nr. 632: »Καθημένου ποτὲ τινὸς τῶν πατέρων εἰς τὸ ἴδιον κελλίον ἦλθε δαίμων καὶ εἰσελθὼν εἰς τὸ κοιτωνάριον τοῦ γέροντος ἀπεστήθιζε τοὺς Ἀριθμοὺς τὸ βιβλίον. Καὶ ὀλιγωρήσας ὁ δαίμων μετεσχηματίσθη ἐν σχήματι πτωχοῦ καὶ ἐξῆλθε πρὸς τὸν γέροντα χωλαίνων μετὰ ῥάβδου καὶ σπυριδίου. Καὶ λέγει αὐτῷ ὁ γέρων· Οἴδατε ἀποστηθίζειν; Ὁ δὲ εἶπεν· Ναί, τὴν Παλαιὰν Διαθήκην. Λέγει αὐτῷ ὁ γέρων· Οὐκ οἴδατε τὴν Καινήν; Ὡς δὲ ἤκουσεν ὁ δαίμων τὴν Καινὴν ἄφαντος ἐγένετο.«

Die Dämonen wollen mit den Mönchen konkurrieren, indem sie die Heilige Schrift memorieren und unabhängig vom Medium des Buchs aus dem Gedächtnis rezitieren.[166] Dadurch wollen sie offenbar die »Väter« irritieren. Wie in Athanasius' *Vita Antonii* erweisen sich die Dämonen in den *Apophthegmata patrum*, wenn sie nicht von den Schriften in die Flucht geschlagen werden, als parasitäre Leser, welche die Schriften wie ein Echo wiederholen. Diese Wiederholung soll die apotropäische Macht brechen und durch die Verdoppelung des Wortlauts den göttlichen Wortsinn verdecken. Die Worte werden arbiträr und opak, verlieren ihre transzendente Bedeutungsmacht und »Zauberkraft« (*dynamis*), die jenseits der Sprache entspringt. Darüber hinaus soll die magische Wirkung der Sprache, sofern ihr diese zugestanden wird, umgekehrt und gegen ihre Absender – Gott/Mensch – gewandt werden. Die Dämonen versuchen also die Schrift entweder zu entzaubern oder zu verzaubern.

Die Pointe des Apophthegmas besteht jedoch darin, dass die repetitive Macht der dämonischen Rezitation beschränkt wird. Der Dämon kann nur das Alte Testament zitieren, wobei er ausgerechnet das Buch Numeri, das vierte Buch Mose, wählt. Es ist wohl kein Zufall, dass im Buch Numeri die Wanderung des auserwählten Volks durch die Wüste geschildert wird, die vierzig Jahre dauerte. Die Wüste galt seit jeher als autochthoner Ort der

166 Vgl. Burton-Christie, *The Word in the Desert*, S. 112f.

Dämonen und Bühne biblischer Versuchungen.[167] Auch Jesus wurde von Satan versucht, als er vierzig Tage und Nächte in der Wüste fastete, eine Zeitspanne, die oft als Anspielung auf Moses vierzigtägiges Fasten und die vierzigjährige israelitische Wüstenwanderung gelesen wird.[168] Da Jesus aus christlicher Perspektive durch die Zurückweisung der Versuchungen wie durch seinen Kreuzestod Satan endgültig in die Schranken weist, endet die Macht der Dämonen mit dem Neuen Testament. Darum schlägt allein der Beginn des Titels »das Neue« den Dämon, der bestens mit der biblischen Semantik und Symbolik vertraut scheint, in die Flucht. Die apotropäische Macht liegt nicht mehr im Klang des Wortes, sondern in einer christologischen Deutung, die das Alte Testament zu einem schattenhaften und dämonischen Vorspiel des Neuen Testaments degradiert. Wenn diese Lesart stimmt, leistet das Apophthegma einer verhängnisvollen christlichen Dämonisierung des Judentums Vorschub.

---

[167] Vgl. Claudia Rapp, »Desert, City, and Countryside in Early Christian Imagination«, in: Jitse Dijkstra u. Mathilde van Dijk (Hg.), *The Encroaching Desert. Egyptian Hagiography and the Medieval West*, Leiden/Boston 2005, S. 93-112, insb. S. 97ff. Zur Ambivalenz der Wüste siehe auch: Yorick Schulz-Wackerbarth, »Die Wüste: Ort der Heilung – heiliger Ort? Stimmen aus dem christlichen Eremitentum«, in: Peter Gemeinhardt (Hg.), *Heilige, Heiliges und Heiligkeit in den spätantiken Religionskulturen*, Berlin u. a. 2012, S. 111-142, S. 115ff.

[168] Vgl. Jacques Dupont, *Les tentations de Jésus au Désert*, Brügge 1969, S. 25f.

Die Dämonen memorieren und rezitieren die Schriften aber nicht nur, um sie zu entfremden. Indem sie das Wort Gottes entwenden, möchten sie zugleich von dessen Semantik und Prophetie profitieren. Schon die ersten christlichen Apologeten waren überzeugt, dass die Götter der Heiden eigentlich trügerische Dämonen seien, welche die Menschen durch alle erdenklichen Tricks verführten.[169] Vor diesem Hintergrund versuchte das Christentum auch die prophetische Macht der heidnischen Dämonen-Götter zu entzaubern. Während die Dämonen aufgrund ihrer Prophezeiungen als Götter gelten wollen, müssen patristische Theologen diese Prophezeiungen naturalisieren: So haben die Dämonen Athanasius zufolge einen äußerst feinen Luftkörper, weshalb sie sich mit Höchstgeschwindigkeit bewegen können und omnipräsent scheinen. Wenn Antonius, wie erwähnt, in der *Vita Antonii* von Dämonen durch die wahre Vorhersage des Zeitpunkts der Nilschwemme versucht wird, dann will Athanasius dies rein »natürlich« erklären. Die Dämonen, behauptet er, schließen induktiv von den Regenfällen in Äthiopien auf eine künftige Nilschwemme und eilen nach Ägypten, wo sie die Mönche mit ihrem Wissen beeindrucken wollen.[170] Ähnlich betont auch Augustinus in seinen

---

169 Vgl. Tobias Georges, »Die Götter als Dämonen bei Justin, Athenagoras und Tertullian«, in: Christoph Schwöbel (Hg.), *Gott – Götter – Götzen* (14. Kongress für Theologie, September 2011), Leipzig 2013, S. 431-443, insb. S. 433.

170 Vgl. Athanasius, *Vita Antonii*, 31,1-32,4.

Schriften *De divinatione daemonum* und *De civitate dei* die Raschheit der Dämonen, die wie Vögel durch die Luft fliegen, sowie ihre außerordentliche Fähigkeit, natürliche Zeichen (*signa naturalia*) zu deuten.[171] Die Dämonen sind blitzgeschwinde und blitzgescheite Semiotiker, die Göttlichkeit simulieren. Die patristische Dämonologie entspringt dem Bedürfnis, ältere religiöse Vorstellungen zu entmythisieren und zu rationalisieren.

Tertullian fügt der Raschheit und semiotischen Expertise der Dämonen eine weitere Erklärung hinzu, die uns zurück zum Problem der dämonischen Lektüre führt. In seinem *Apologeticum* bemerkt er, dass die Dämonen die Vorträge oder Vorlesungen der alttestamentarischen Propheten ausspionieren:

> Sogar die Ratschlüsse Gottes haben sie damals den Propheten, als diese sie öffentlich verkündeten, entnommen und jetzt reißen sie sie an sich, wenn die Lesungen davon erschallen. So eignen sie sich von dort auch einige Weissagungen über den Zeitenverlauf an und konkurrieren mit der Gottheit, indes sie Prophezeiungen stehlen.[172]

---

[171] Vgl. Augustinus, *De divinatione daemonum*, 3,7, 5,9. Text in: *De fide et symbol, De fide et operibus*, i. a., hg. v. J. Zycha (CSEL 41), Wien 1900; Augustinus, *De civitate dei*, 9,22. Text: *De civitate dei*, hg. v. E. Hoffmann (CSEL 40), Bd.1, Wien 1899.

[172] Tertullian, *Apologeticum,* 22,9: »Dispositiones etiam dei et tunc prophetis contionantibus excerperunt et nunc lectionibus resonantibus carpunt. Ita et hinc sumentes quasdam temporum sortes aemulantur divinitatem, dum furantur divinationem.« Text: *Apologia/Ver-*

Die Dämonen waren damals zugegen, als die wahren Propheten ihre göttlichen Visionen mündlich verkündeten, und sie belauschen noch immer die Verlesungen ihrer Schriften. So oder so beuten sie durch ihre Spionage die biblischen Schriften aus, ahmen die Gottheit nach und wetteifern (*aemulari*) mit dieser. Mit dieser Erklärung möchte Tertullian den ungeheuren Erfolg der heidnischen Mantik auf den Erfolg der jüdisch-christlichen Prophetie zurückführen. Vergleichbar schreibt der hl. Hieronymus in seinem Jeremia-Kommentar die Verführungskraft der Häretiker den entwendeten Worte des Alten und Neuen Testaments zu: »[...] sie [die Häretiker] stehlen jeder für sich Worte des Erlösers von ihrem Nächsten, den Propheten, Aposteln und Evangelisten, und eignen sich ihre Sprachen an, um das Gift des Herzens mit [deren] Mund zu verkünden [...].«[173] Die Lektüre der Dämonen kann wie die von Häretikern und Häretikerinnen neben der Schändung, Besudelung, Vergiftung und Maskierung dem prophetischen Parasitismus und Plagiat dienen. Wahrscheinlich saugen die lesenden Dämonen, die wir im Rahmen der Antonius-Ikonographie finden, auf analoge Weise die

---

teidigung des christlichen Glaubens, übs. v. Tobias Georges, Freiburg i. Br. 2011, 22,9. Ich modifiziere die Übersetzung von Georges.

173 Hieronymus, *In Hieremiam*, IV 61,2: [...] furantur verba salvatoris unusquisque a proximo suo, prophetis et apostolis et evangelistis, et assumunt linguas suas, ut cordis venenam ore pronuntient [...].« Text: S. *Hieronymi presbyteri opera*, Teil I, 3, hg. v. S. Reiter (CCSL 74), Turnhout 1960, IV, 61,2.

Worte der Schriften auf, um sie gegen die asketische Lebensform des Heiligen zu wenden.

Das Christentum war von Anfang an von der Angst vor einer dämonischen Neutralisierung, Instrumentalisierung und Pervertierung des göttlichen Worts besessen. Diese Angst schlug sich einerseits in legendären Darstellungen von schriftgelehrten Teufeln und Dämonen nieder; andererseits mündete sie, wenn die parasitäre Verwendung des Wortes nicht Dämonen, sondern Menschen zur Last gelegt wurde, in einen Kampf gegen Häresie, Magie und Judentum, der bekanntlich in der Inquisition gipfelte. Menschen, die angeblich das Wort Gottes für dämonische Zwecke missbrauchten oder den Leib Gottes (die Hostie) entwendeten und schändeten, wurden erbarmungslos verfolgt. Da sich der teuflische Gebrauch heiliger Worte nicht – oder nur mit Mühe – anhand der Texte entziffern ließ, waren im Prinzip alle Menschen, welche die Schriften zitieren, verdächtig – *de facto* wurden aber vor allem Minderheiten verantwortlich gemacht.[174] Die Gewissheit, die sich nicht am Text gewinnen ließ, wurde letztlich durch die Terrorisierung und Homogenisierung der Gesellschaft hergestellt.[175] Die Inquisition wollte durch die

---

174 Die Hexerei wurde oft als Gegensakrament und Gegenmesse verstanden und verfolgt: Stephens, *Demon Lovers*, S. 197-203.

175 Maggi arbeitet dies in seiner Analyse der Schrift *De incantationibus seu ensalmus* (1620) des portugiesischen Inquisitors Manuel do Valle de Mourna heraus: De Mourna ist von der Vorstellung besessen, dass böse Zauberer Psalmen und andere biblische Formeln (*en-*

Dämonisierung potenziell gefährlicher Leser und Leserinnen die Versuchungen der Schrift, dämonische Lesarten, im Keim ersticken.

---

salmi) für dämonische Zauberei missbrauchen. Weil er Probleme hat, allein anhand der *ensalmi* zu unterscheiden, ob sie sich an Gott oder Satan richten, versucht er die bösen Sprecher zu identifizieren, die er als Juden und Sodomiten beschreibt. Der Antisemitismus und die Homophobie entspringen bei De Mourna einer hermeneutischen Krise. Armando Maggi, *Satan's Rhetoric. A Study of Renaissance Demonology*, Chicago/London 2001, insb. S. 84-95.

Satan zitiert Gott

Die Vorstellung, dass Satan und seine Dämonen das Wort Gottes für ihre Zwecke missbrauchen, wurde mit Shakespeare sprichwörtlich: »The devil can cite scripture for his purpose« – man beachte auch hier den Kontext der Verteufelung der Juden![176] Shakespeare kontrastiert den oberflächlichen Schein, die Dissimulation der teuflischen Zitation – in Anspielung auf die Frucht des Sündenfalls – mit den verborgenen und verdorbenen tieferen Intentionen.[177] Wie im berühmten Gleichnis von den falschen Propheten, den »Wölfen im Schafspelz«, vor denen Jesus in der Bergpredigt warnt (Mt 7,15), oder Paulus' Warnung, dass sich Satan als »Engel des Lichts« tarnen kann (2 Kor 11,14), verbirgt sich die räuberische Absicht im harmlosen Gewand biblischer Worte. Doch die Zitation

[176] Die Verse beziehen sich auf den Juden Shylock, der sich im Rahmen seines Zinsgeschäfts auf das Alte Testament beruft. Der Kontext lautet: »The devil can cite Scripture for his purpose, | An evil soul producing holy witness | Is like a villain with a smiling cheek, | A goodly apple rotten at the heart. | O what a goodly outside falsehood hath.« William Shakespeare, *The Merchant of Venice/Der Kaufmann von Venedig*, engl./dt., übs. v. Barbara Puschmann-Nalez, Stuttgart 1975, Act 1, Scene 3,93-97.

[177] Dieses Motiv durchzieht auch andere Stücke Shakespeares: Ernest A. Strathmann, »The Devil Can Cite Scripture«, in: *Shakespeare Quarterly*, Vol. 15, No. 2 (1964), S. 17-23.

ist mehr als ein rhetorischer Deckmantel oder Versuch, die magische und prophetische Macht der Schriften zu pervertieren; sie zielt darauf ab, den tieferen Sinn des göttlichen Wortes zu manipulieren. Darum plappert Satan die Schriften nicht einfach als »Affe Gottes«[178] mechanisch nach, sondern verwickelt sein Gegenüber hin und wieder in spirituelle Gespräche. Erst auf dieser Ebene geistiger Versuchungen entfaltet er seine äußerste Gelehrsamkeit, seine theologische Kompetenz, das Wort Gottes von innen heraus zu unterhöhlen.

Bereits bei seinem ersten Auftritt in der Bibel interpretiert Satan das Wort Gottes bewusst falsch. Die Schlange, die später als Sprachrohr Satans verstanden wurde, entschärft das göttliche Verbot, vom Baum der Erkenntnis zu essen, indem sie dessen Konsequenz umdeutet: Anstatt zu sterben werden die Menschen, wenn sie von der verbotenen Frucht essen, gottgleich (*sicut dii*) (Gen 3,1-6). Satan wird damit nicht nur zum ersten Grammatiker, wie Petrus Damiani meint, er wird zum ersten Hermeneutiker und Exegeten. Diese sprachphilosophische Deutung des Sündenfalls, die maßgeblich von Augustinus vertreten wurde, begreift die Vertreibung aus dem Paradies als eine semiotische Krise, als fundamentale Störung der ursprünglichen unmittelbaren Kommunika-

---

178 Über die Beschreibung und Darstellung des Teufels als Affe: Janson, *Apes and Ape Lore in the Middle Ages and the Renaissance*, S. 13-22.

tion zwischen Gott und Mensch.[179] Der Sündenfall erscheint in dieser Sicht mit den Worten Dantes als »die Übertretung des [göttlichen] Zeichens« (*il trapassar del segno*).[180]

Das andere große Beispiel einer teuflischen Zitation von heilsgeschichtlicher Tragweite sind die Versuchungen Jesu, in deren Verlauf Satan laut Evangelien einen Psalm aus dem Alten Testament zitiert. Am Höhepunkt der Versuchungen entrückt Satan Jesus auf das Dach des Jerusalemer Tempels und fordert ihn auf, sich herabzustürzen. Da er Gottes Sohn sei, so erklärt Satan, könne Jesus nichts passieren (Mt 4,6), »denn es steht geschrieben: ›Er wird seinen Engeln für dich Befehl geben; und sie werden dich auf den Händen tragen, damit du deinen Fuß nicht an einem Stein stößt‹.«[181] Jesus entgegnet diesem verkürzten Zitat aus Psalm 91[182] mit einer Textstelle aus dem Deute-

---

[179] Hierzu: Eric Jager, *The Tempter's Voice. Language and the Fall in Medieval Literature*, Ithaca, NY 1993, insb. 52ff.

[180] Vgl. Dante Alghieri, *La commedia/Die Göttliche Komödie*, ital./dt., übs. v. Hartmut Köhler, Stuttgart 2021, Bd. 3, parad. 26,115f. Auf diese Stelle macht auch Jager aufmerksam: Jager, *The Tempter's Voice*, S. 3.

[181] Ich zitiere die Bibel immer nach der revidierten Lutherbibel: *Die Bibel. Lutherübersetzung*, Stuttgart 2017.

[182] Nach Zählung der Septuaginta und Vulgata handelt es sich um Psalm 90. Origenes zufolge kürzt Satan den Psalm absichtlich, wenn er die Verse, die sich gegen die Schlangen, Basilisken, also gegen ihn selbst, richten, weglässt. Hierzu: Klaus-Peter Köppen, *Die Auslegung der Versuchungsgeschichte unter besonderer Berücksichtigung der Alten Kirche*, Tübigen 1961, S. 46.

ronomium (Mt 4,7 = Dt 6,16): »Wiederum steht auch geschrieben: ›Du sollst den Herrn, deinen Gott, nicht versuchen‹.« Jesus weist alle drei Versuchungen, deren Reihenfolge bei Matthäus und Lukas variiert, durch biblische Zitate zurück, die allesamt aus dem Kontext der israelitischen Wüstenwanderung stammen, womit er seine Versuchungen mit denen des Volkes Gottes parallelisiert.[183] Dadurch, dass Jesus als *zweiter Adam* den Versuchungen Satans widersteht, kann er die Kommunikation wiederherstellen, die seit dem Sündenfall gestört ist. Zugleich perpetuiert und initiiert er eine apotropäische Zitierpraxis, die vom frühchristlichen Mönchstum fortgeführt wurde: Schon Athanasius berichtet, dass Antonius Dämonen durch Psalmen in die Flucht schlägt. Zudem betonen die *Apophthegmata patrum* wiederholt die schützende Wirkung biblischer Rezitationen. Solche Praktiken fanden rasch Verbreitung und wurden systematisiert. So sammelte Evagrius Ponticus in seinem *Antirrhetikos*, einem Handbuch der mönchischen »Widerrede«, zahlreiche Bibelzitate und klassifizierte sie danach, gegen welche dämonischen Versuchungen sie helfen.[184] Doch Evagrius wusste, dass sich die Dämonen ebenfalls auf die Schrift berufen. Die Versuchungen nehmen zu, wenn wir sie mit Psalmen beantworten oder sobald wir den tieferen Sinn

---

183 Vgl. Dupont, *Les Tentations de Jésus au Désert*, S. 31f.

184 Siehe die Einleitung von Brakke in: Evagrius Ponticus, *Talking Back*, S. 14-30.

der Schriften ernsthaft zu erkunden suchen.[185] Während der Versuchungen Jesu wählte Satan überdies einen Psalm, der in der jüdischen Tradition insbesondere wegen seiner antidämonischen Macht geschätzt wurde.[186] Der Feind kennt also die Macht der Worte, die er geschickt entwendet. Die Waffe wird umgekehrt, das Wort Gottes auf perverse Weise gegen das Wort Gottes gewendet, wodurch ein erbitterter Kampf um die richtige Semantik und Pragmatik der Schrift entbrennt.[187]

Der Mönchstheologe Johannes Cassian, der die »Theologie der Wüste« und insbesondere die Lehre des Evagrius für den lateinischen Westen adaptierte, bezeichnet Satans Gebrauch von Psalm 91 als einen Akt der Falschmünzerei. In seinen *Collationes patrum* (um 428), belehrenden Gesprächen mit den Wüstenvätern, schreibt er:

---

[185] So heißt es im Prolog des *Antirrhetikos*: »[...] to the extent that we resist the demons in the conflict and answer them with a word, they will become all the more embittered against us.« Und im vierten Buch: »[...] the soul that does not realize that the temptations quickly multiply when it has started to investigate spiritually the living words of God [...].« Evagrius, *Talking Back*, S. 50 u. S. 90. Übersetzung von Brakke.

[186] Vgl. Brennan Breed, »Reception of the Psalm: The Example of Psalm 91«, in: William P. Brown (Hg.), *The Oxford Handbook of the Psalms*, New York/Oxford 2014, S. 297-310, S. 298-303.

[187] Schon die frühesten Exegeten rückten das Problem des richtigen bzw. häretischen Schriftgebrauchs ins Zentrum ihrer Auslegung der Versuchung: Vgl. Köppen, *Die Auslegung der Versuchungsgeschichte*, S. 45-49.

[…] wir müssen sorgfältig erkunden, ob nicht eine verkehrte Interpretation, die dem reinsten Gold der Schriften angepasst wurde, uns über den Wert des Metalls täuscht. Auf solche Weise versuchte ja auch der äußerst verschlagene Teufel unseren Herrn und Erlöser – als wäre dieser ein gewöhnlicher Mensch – hereinzulegen, indem er die Worte, die im Allgemeinen in Bezug auf alle gerechten Personen zu verstehen sind, durch eine übelwollende Interpretation verfälschend im Besonderen auf denjenigen anwenden wollte, der der Obhut der Engel nicht bedurfte, wenn er sprach: »Weil er seinen Engeln zu deinem Schutz befohlen hat, dass sie dich behüten auf all deinen Wegen, werden sie dich auf Händen tragen, damit dein Fuß nicht an einen Stein stößt«; da er freilich die wertvollen Äußerungen der Schriften durch eine verschlagene Vorannahme verkehrt und sie zum gegenteiligen und schädlichen Sinn verdreht, um uns das Abbild des Tyrannenantlitzes unter der Farbe falschen Goldes darzubieten, versucht er uns entweder durch Falschgeld zu täuschen, indem er freilich zur Ausführung eines Werkes der Frömmigkeit gemahnt, das allerdings, da es nicht aus der legitimen Münzstätte der Väter stammt, unter dem bloßen Vorwand der Tugenden zu den Lastern führt; oder er verleitet uns, indem er uns durch maßloses und ungehöriges Fasten oder exzessive Nachtwachen, ungeregelte Gebete oder unpassende Lesungen täuscht, zu einem schändlichen Ende.[188]

[188] Cassian, *Collationes patrum*, 1,20: »[…] sollicite nos explorare convenit, ne auro purissimo Scripturarum prava interpretatio coaptata metalli pretiositate nos fallat. In quo etiam Domino Salvatori callidissimus diabolus; velut homini simplici, tentavit imponere, dum ea quae generaliter sunt super omnium justorum personis intelligenda,

Die äußerst verschachtelte Passage enthüllt die Strategie der satanischen Zitierkunst in mehreren Schichten: Auf logischer und begrifflicher Ebene vertauscht Satan die Kategorie des Allgemeinen und des Besonderen, des Menschlichen und Göttlichen, wenn er einen Psalm, der sich an gottgefällige Menschen wendet, auf Gottes Sohn anwendet, der keinen himmlischen Beistand braucht. Dann jubelt er auf argumentativer Ebene eine falsche Prämisse unter, worunter wohl Satans Argument »wenn Jesus Gottes Sohn ist, wird Gott ihn retten« zu verstehen ist. Damit bewahrt Satan vorgeblich das Gold der Worte Gottes und verändert nur ihren Prägedruck – mit dem »Profil des Tyrannen« ist wohl Satans Gesicht gemeint. Obwohl das Wort- und Schriftbild des Zitats erhalten bleibt, wandelt sich dessen Bedeutung (Prägedruck) sowie dessen Material (Gewicht), da das wahre Gold längst durch ein billige-

---

malivola interpretatione corrumpens, specialiter huic qui angelorum custodia non egebat, conatur aptare, dicens: *Quia angelis suis mandavit de te, ut custodiant te in omnibus viis tuis, in manibus portabunt te, ne usquam offendas ad lapides pedem tuum*: pretiosa scilicet eloquia Scripturarum callida assumptione convertens, et ad contrarium noxiumque sensum detorquens, ut imaginem tyrannici vultus sub colore nobis auri fallentis objiciat, sive cum paracharagmis nos conatur illudere, quoddam scilicet pietatis opus admonens affectandum, quod non de legitima seniorum procedens moneta, sub praetextu virtutum ducit ad vitia, vel immoderatis incompetentibusque jejuniis seu vigiliis nimiis, vel orationibus inordinatis, vel incongrua lectione decipiens, ad noxium pertrahit finem.« Text: *Joannis Cassiani opera omnia*, ed. by Jacques-Paul Migne (PL 49, Bd. 1), Paris 1846. Übersetzung J. M.

res Metall ersetzt wurde.[189] Durch diese Falschmünzerei wandelt sich die Macht der Worte zuletzt auf einer pragmatisch-moralischen Ebene, weshalb alle frommen Werke, die Satan uns einredet, lasterhaften Zielen dienen. Letztlich würde sich Jesus, wenn er auf die Versuchung hineingefallen wäre, aus Stolz oder Neugierde vom Tempel stürzen, nicht aber, um seinem Vater zu dienen. Für die Entfremdung tugendhafter Handlungen nennt Cassian jedoch Beispiele, die uns von Athanasius vertraut sind: Maßlose Askese, unzeitiges Gebet und unkonzentrierte Lektüre der Schriften führen zu Erschöpfung und Verwirrungen, die dämonischen Gedanken und Lastern Tür und Tor öffnen. Damit verknüpft Cassian seinen Exkurs über die Versuchungen Jesu mit der Frage nach der richtigen mönchischen Lebensform, die Jesus aus christlicher Sicht durch seinen Aufenthalt in der Wüste präfigurierte.

Für Cassian besteht die schwierigste Aufgabe monastischer Askese und überhaupt jedes christlichen Lebens darin, teuflische und häretische Verfälschungen des göttlichen Wortes zu entlarven. Wir müssen die wahren Mün-

---

[189] Ein monetäres metaphorisches Modell der Interpretation war bereits in der klassischen Antike beliebt und spielte z. B. in Ciceros rhetorischer Übersetzungstheorie eine wichtige Rolle. Cicero unterscheidet zwischen der Form der Worte (Prägung) und ihrem pragmatisch-rhetorischen Gewicht (Bedeutungskraft). Der ökonomische Wert oder Preis der Worte (*pretium*) steckt wahrscheinlich schon in der lateinischen Etymologie des Worts *interpretatio*: Vgl. Maurizio Bettini, *Vertere. Un'antropologia della traduzione nella cultura antica*, Turin 2012, S. 96-104.

zen, die aus der »legitimen Münzstätte der Väter« (*legitima seniorum moenia*) stammen, sorgfältig von denen unterscheiden, die heimlich durch »Betrug der Dämonen« geprägt wurden.[190] Hierzu bedarf es der berüchtigten Gabe der »Unterscheidung der Geister« (*discretio spirituum*), die bereits von Paulus und Johannes erwähnt wird (1 Kor 12, 1 Joh. 4).[191] Bezeichnenderweise legt Cassian seine Lehre von der Unterscheidung dem hl. Antonius in den Mund, der die Gabe der *discretio* in einer didaktischen Rede als »Mutter, Wächterin und Lenkerin aller Tugenden« (*omnium virtutum genetrix, custos moderadrix*) bezeichnet und sie zum notwendigen Fundament der monastischen Lebensform erklärt.[192] Die *discretio* bewirkt etwa, dass wir teuflische und göttliche Erscheinun-

---

[190] Vgl. Cassian, *Collationes patrum*, 1,20. Thomas von Aquin wird bekanntlich den Vergleich zwischen Falschmünzern und Häretikern ausnutzen, um die Todesstrafe für Häretiker zu legitimieren: Dietrich Kurze, »Häresie und Minderheit im Mittelalter«, in: *Historische Zeitschrift*, 229, 1 (1979), S. 529-573, S. 548f.

[191] Über die Theorie der *discretio* vor Cassian siehe: Pongracz, *Dämonen und Dämonenkampf in der ägyptischen Wüste*, S. 158-164. Das Verständnis der *discretio*, das sich schließlich im frühen Mönchstum durchsetzte, wurde maßgeblich von der Antonius-Rezeption geprägt. Vgl. den Überblick in: Wendy Love Anderson, *The Discernment of Spirits. Assessing Visions and Visionaries in the Late Middle Ages*, Tübingen 2011, S. 18-37.

[192] Vgl. Cassian, *Collationes patrum*, 2,2-4. Zu den unterschiedlichen Funktionen der *discretio* bei Cassian: Gerd Summa, *Geistliche Unterscheidung bei Johannes Cassian*, Würzburg 1992, insb. S. 45-66.

gen unterscheiden können. Auf sprachliche Ausdrücke bezogen, verleiht sie uns (im Rahmen der monetären Metaphorik) die besondere Fähigkeit, die metallurgische Zusammensetzung, den Prägedruck, das Gewicht und den ökonomischen (moralischen) Wert falscher Zitate und theologischer Argumente richtig abzuwiegen.[193] Allerdings liegt die *discretio* nicht völlig in unseren Händen; sie ist und bleibt ein göttliches Gnadengeschenk, das jeder Christenmensch durch Askese und Demut erwerben muss. Was geschieht aber, wenn wir von den Dämonen getäuscht werden, noch ehe wir die Gabe erlangen? Oder was ist, wenn uns Satan eine falsche Gabe der Unterscheidung vorspiegelt? Cassian wirft solch beunruhigende Frage nur auf, um ihnen umgehend auszuweichen: Solange wir uns nicht bloß auf unser eigenes Urteil stützen, sondern an den Ratschlägen und Gesprächen der Väter, wie Cassian sie in seinen *Collationes* überliefert, und an kirchlich anerkannten Autoritäten orientieren, sind wir vor spirituellen und exegetischen Entgleisungen sicher.[194] Nur die Väter können die »Mutter der Tugenden« beschützen. Dahingegen kann uns jede Begegnung mit der Schrift, die uns außerhalb der ausgetretenen Wege der Väter führt, jederzeit ins Reich der Dämonen stürzen. Doch wer garantiert, dass die Tradition, die uns beschützen soll, nicht selbst dämonische Täuschungen tradiert?

---

193 Vgl. ebd, 1,22.

194 Vgl. ebd. 2,9-10.

Cassian verallgemeinert das Problem der teuflischen Zitation, das uns in den Versuchungen Jesu begegnet, und weitet es auf die alltägliche monastische Lebensform aus. Christliche Asketen und Asketinnen, die sich ernsthaft mit dem Wort Gottes beschäftigen, müssen damit rechnen, dass die Dämonen die Schriften durch ihre Zitationen und Interpretation heimtückisch verfälschen. Der Mönch Johannes Climacus, der an der Wende vom 6. zum 7. Jhd. am Sinai lebte, bestätigt diese Alltäglichkeit der Erscheinung bibelkundiger Dämonen in seinem Hauptwerk *Scala paradisi*. Auf der 26. Stufe seiner asketischen Himmelsleiter, die der »Unterscheidung der Geister« gewidmet ist, behauptet er:

> Es gibt einige unter den unreinen Dämonen, die uns gleich zu Beginn in die Interpretation der Heiligen Schriften einführen. Das lieben sie vor allem in den Herzen der Eitlen zu vollbringen, insbesondere derer, die in der weltlichen Weisheit geübt sind, um sie schrittweise zu betrügen und zu Häresien und Blasphemien zu verführen. An der Unruhe und der ausgelassenen und unschicklichen Freude in der Seele zur Zeit der Erklärungen können wir die Theologie der Dämonen erkennen oder besser ihre Theomachie.[195]

---

[195] Johannes Climacus, *Scala paradisi*, 26/2, 377: »Εἰσί τινες τῶν ἀκαθάρτων δαιμόνων τὴν τῶν θείων Γραφῶν ἑρμηνείαν ἐν προοιμίοις ἡμῖν ὑφηγούμενοι· τοῦτο δὲ μάλιστα φιλοῦσι ποιεῖν ἐν ταῖς τῶν κενοδόξων καρδίαις, καὶ μάλιστα τῶν τὴν ἔξω παίδευσιν ἐξησκημένων, ἵνα κατὰ μικρὸν αὐτοὺς ἀπατῶντες εἰς αἱρέσεις καὶ βλασφημίας καταγάγωσιν. Ἐκ τῆς ἐν τῇ ψυχῇ κατὰ τὸν καιρὸν τῆς ὑφηγήσεως, ταραχῆς καὶ χαρᾶς

Die Dämonen zitieren nicht nur die Schriften, sie erweisen sich als Spezialisten biblischer Interpretation (*hermēneía*), die insbesondere diejenigen in Versuchung führen, die in die heidnische Bildung eingeweiht sind. Dadurch wollen sie eifrige Christen am Aufstieg der Himmelsleiter, die zur mystischen Gotteserfahrung führt, hindern. Die »Theologie der Dämonen« (*daimónōn theología*),[196] die eigentlich eine »Theomachie« (*theomachía*), ein Kampf gegen Gott, ist,[197] lässt sich aber anhand unseres seelischen Zustands von der wahren Theologie Gottes unterscheiden. Wie andere Theoretiker und Theoretikerinnen der *discretio* versucht Klimakos auf einer psychologisch-phänomenalen Ebene innere Kriterien der Unterscheidung zu definieren, anhand derer sich dämonische Phantasmen entlarven las-

---

διακεχυμένης καὶ ἀσέμνου τὴν τῶν δαιμόνων θεολογίαν, μᾶλλον δὲ θεομαχίαν ἐπιγνωσόμεθα.« Text: *Johannes Scholastici vulgo Climaco, opera omnia*, hg. v. Jacques-Paul Migne (PG 88), Paris 1864. Übersetzung J. M.

196 So reizen die Dämonen die Menschen laut Climacus zur Sünde, indem sie diese etwa von der Güte und Philanthropie Gottes überzeugen wollen. Siehe: Walther Völker, *Scala paradisi. Eine Studie zu Johannes Climacus und zugleich eine Vorstudie zu Symeon dem neuen Theologen*, Wiesbaden 1968, S. 64f.

197 In der heidnischen Literatur bezeichnet *theomachía* einen »Götterkampf«, d. h. einen Kampf zwischen unterschiedlichen Göttern. In einem christlichen Kontext kann *theomachía* nur einen Kampf gegen Gott bezeichnen. So ist in der Apostelgeschichte von *theomáchoi*, »Kämpfern gegen Gott« (Apg 5,39) die Rede. Insofern die heidnischen Götter Dämonen sind, spielt sich aber auch hier ein Götterkampf ab.

sen.[198] Laut Athanasius lehrte schon Antonius die Mönche, die Erscheinungen von Dämonen und Engel am Anzeichen seelischer Unruhe oder Ruhe zu unterscheiden.[199] Monastische und mystische Bewegungen, die sich um innere Kriterien der Unterscheidung bemühen,[200] berufen sich gerne auf Antonius als Ahnherrn der *discretio spirituum*. Doch die Angst, dass die subjektive Unterscheidung trügt oder von Häretikern und Häretikerinnen missbraucht wird, um die Orthodoxie zu gefährden, ist allgegenwärtig. Darum werden die inneren Kriterien fast immer durch die äußeren Kriterien eingehegt, die von der Kirche und Tradition, Cassians »Münzstätte der Väter«, gesetzt und überwacht werden.

---

198 Einen guten historischen Überblick bietet die Anthologie: Marianne Schlosser (Hg.), *Die Gabe der Unterscheidung. Texte aus zwei Jahrtausenden*, Würzburg 2008.

199 Vgl. Athanasius, *Vita Antonii*, 35,4-38,5.

200 Die Unterscheidung verschmilzt in der mittelalterlichen Spiritualität mit einer kontemplativen Lektürepraxis, die einen geistigen Sinn erzeugt. Siehe: Niklaus Largier, »Rhetorik des Begehrens. Die ›Unterscheidung der Geister‹ als Paradigma mittelalterlicher Subjektivität«, in: Martin Baisch, Jutta Eming, Henrikje Haufe u. a. (Hg.), Inszenierung von Subjektivität in der Literatur des Mittelalters, Königstein i. Ts. 2005, S. 249-270, insb, 256f. Siehe auch: Largier, *Die Kunst des Begehrens*, S. 146ff. Vor diesem Hintergrund verwundert es kaum, dass die Dämonen immer wieder im Kontext der Lektüre auftauchen.

Teuflische Theologin

Die Gefahr der dämonischen Zitation und Interpretation der Heiligen Schrift spiegelt sich in den lesenden Dämonen wider, die uns in der Antonius-Ikonographie begegnen. Gleichzeitig rückt der hermeneutische Kampf um die richtige Deutung des Worts mit der arabischen Überlieferung, die Alphonsus mit seiner *Legenda mirabilis* im Westen bekannt machte, ins Zentrum der Antonius-Hagiographie.[201] Alphonsus, der ausgewählte Episoden des Originals übersetzt, lenkt den Fokus auf Antonius' Begegnung mit einer teuflischen Königin:[202] Diese faszinierende Gestalt, die Antonius in ihr märchenhaftes »orientalisches« Königreich entführt, wo sie zahllose Wunder wirkt, ist bestens mit den biblischen Schriften vertraut und verwickelt Antonius mit Beginn ihrer Begegnung in theologi-

---

201 Zur Entstehung und Rezeption der Legende: Laura Fenelli, »Da Cipro alla Spagna, dall'arabo al latino: la Tentatio sancti Antonii di Alfonso Buenhombre«, in: Alessandro Musco u. Giuliana Musotto (Hg.), *Coexistence and Cooperation in the Middle Ages* (IV European Congress of Medieval Studies F. I. D. E. M, June 2009), Palermo 2014, S. 521-537.

202 Eine Einführung, Edition und Übersetzung der arabischen Legende, aus der Alphonsus längere Abschnitte übersetzte, bietet: Elizabeth Agaiby (Hg.), *The Arabic Life of Antony Attributed to Serapion of Thmuis. Cultural Memory Reinterpreted*, Leiden/Boston 2019.

sche Dispute. Antonius begegnet der Königin, als sie gerade mit ihren Mägden in einem Fluss badet. Diese Szene, die auch im Bilderbuch der *Vita et acta Antonii abbatis* dargestellt wird (Abb. 33), ist ein möglicher Ursprung der nackten Versucherinnen, die sich an der Wende zur Frühen Neuzeit auf vielen Darstellungen der Versuchungen des Heiligen tummeln.[203] Anders als solche Bilder nahelegen, wird Antonius in der Legende weniger von der körperlichen Schönheit der Königin als von ihrer rhetorischen und argumentativen Überzeugungskraft betört. Dieser Kontrast reflektiert nicht nur die Unterschiede beider Medien, Bild und Text, er markiert zugleich eine Hierarchie von fleischlichen und geistigen Versuchungen. Die sinnliche Augenlust verschleiert, dass die Teufelskönigin eigentlich eine Exponentin der »Theologie der Dämonen« ist, von der Climacus spricht.

Die Teufelskönigin führt Antonius wiederholt auf theologisches Glatteis. Als Antonius etwa im Anschluss an die besprochene Episode vom himmlischen Buch stolz erklärt, dass sein jenseitiger Lohn proportional zu den irdischen Leiden seines Dämonenkampfs wachsen wird, erhebt die Königin Einspruch. Sie argumentiert, dass sich die göttliche Gerechtigkeit nicht nach unserem beschränkten Maßstab menschlicher Gerechtigkeit richtet. Hierzu beruft sie sich auf das Matthäus-Evangelium:

---

[203] Vgl. Blanch, »San Antonio tendado por la lujuria«, S. 114ff.

»Auch wenn das stimmt, kennen wir doch gleichermaßen das Wort des Evangeliums, in dem dargelegt wird, dass Gott den Lohn nicht gemäß der Quantität der Mühe gibt; wie im Evangelium des Matthäus anhand des Familienvaters ersichtlich wird, der denjenigen, die er im Laufe des Tages als letzte für die Arbeit im Weinberg anheuerte, das gleiche Geld gab, wie den Ersten, welche die [gesamte] Last und Hitze des Tages ertragen mussten – woher [heißt es]: Denn viele sind berufen, aber wenige sind auserwählt?« Und es sagte zu ihr der heilige Antonius: »Das sind Worte Gottes, die du anführst, aber was willst du aus ihnen schlussfolgern?« Und jene antwortete: »Dass du besser darauf Acht geben sollst, was die Barmherzigkeit Gottes ist, weil diese den Letzten wie den Ersten, denen, die wenig, und denen, die viel arbeiten, gleichermaßen gibt. Und das, was ich dir sage, mein [heiliger] Vater, kannst du an mir beobachten und die Barmherzigkeit Gottes erkennen, die Wahrheit seiner Versprechungen und wie sehr er uns aufgrund seiner Güte liebt. Denn ich bin Königin, besitze dieses Reich und diese gewaltigen Besitztümer, besitze Adel und Ansehen und, wie du siehst, Schönheit; außerdem habe ich von Gott, was freilich dies alles übersteigt, die Gnade erhalten, Wunder zu bewirken.«[204]

---

[204] Alphonsus, *Legenda mirabilis*, 7: »›Sed ita est, qualiter intelligemus illud verbum ewangelii ubi ostenditur quod Dominus non reddit premium secundum quantitatem laboris, ut patet in ewangelio de patre familias qui fecit diuturnam parum laborantibus in vinea, sicut et primis qui portaverunt pondus diei et estus, cuilibet denarium? Unde enim multi vocati, pauci vero electi?‹ Et dixit ei S. Anthonius: ›Ista sunt verba Dei. Quid vis inducere per illa?‹ Et illa dixit: ›Ut melius advertas que sit misericordia Die, quia dat novissimis sicut et primis et

Abb. 33: Robin Fournier, *Vita et acta Antonii abbatis*, Ms. 1, fol. 45r.

NATIONAL LIBRARY OF MALTA, LA VALETTA.

Aus dem berühmten Gleichnis von den »Arbeitern im Weinberg« (Mt 20,1-16) folgert die Königin, dass sich der Lohn Gottes nicht allein mit Arbeit und Leiden erwerben lässt. Gott orientiert sich nicht an den Vorstellungen der irdischen Lohnarbeit, weshalb es bei Matthäus an anderer Stelle heißt: »Denn viele sind berufen, aber nur wenige auserwählt« (Mt 22,14). Warum sollte sich also Antonius, wenn das Auserwähltsein nicht von unserer Mühe abhängt, in der Wüste abmühen? Die Barmherzigkeit (*misericordia*) und Liebe (*caritas*) Gottes lässt sich ja nicht erklären. Sie äußert sich jedoch in besonderen Gaben, die Gott bestimmten Menschen gewährt. Als Beispiel führt die Königin ihren eigenen Reichtum, ihr Macht, ihre Schönheit und ihre Wundertätigkeit an. Im Folgenden versucht sie ihre eigene Gotterwähltheit zu beweisen, indem sie Antonius in ihr Königreich entführt, ihm ihre Reichtümer zeigt und Wunder wirkt, wobei sie u. a. über das Wasser wandelt oder Kranke heilt. Schließlich will sie den Heiligen, der sich zunächst vom »phantastischen

parum laborantibus sicuti et multum laborantibus. Et hoc quod dico tibi, pater mi, in me consideres, et cognoscas misericordiam Dei et veritatem promissorum eius et quanta nos diligit caritate. Nam et ego sum regina, et habeo hoc regnum et istud dominum magnum valde, et habeo nobilitatem et honorem et pulchritudinem quantam vides, et habeo a Deo quod prevaleat omnibus istis, scilicet graciam faciendi miracula.‹« Hier und im Folgenden Übs. J. M.

Blendwerk« (*omnia hec fantastiche*) des Teufels täuschen lässt, erotisch verführen und zur Hochzeit überreden.[205]

Nachdem Antonius aber alle Avancen der Königin starrköpfig abweist, wechselt sie von der Ebene erotischer Versuchungen auf die Ebene theologischer Argumente zurück. Sie möchte den Heiligen überzeugen, dass sein asketisches Leben völlig nutzlos und egoistisch ist. Im Zuge ihrer ausgeklügelten Argumentation kommt sie auch auf die mangelnde Schriftgelehrsamkeit der Wüstenasketen zu sprechen:

> Ihr nämlich, ihr Einzelgänger, habt eure Zeit in der Wüste vergeudet; weder habt ihr die Schriften Gottes studiert noch den wissenden Menschen zugehört, die dozieren und sprechen. Ich sage das nicht, als ob du das nicht wüsstest, sondern damit du es nicht dessen ungeachtet für ein Übel hältst und für ein Vorurteil, wenn ich die Wahrheit sage. Denn ich kenne die Bücher der Heiligen Schriften, ich lehrte jede Wissenschaft und werde das ganze Alte Testament auswendig Wort für Wort rezitieren. Ich werde nun aber, Heiliger Vater, beim heiligen und wunderbaren Gesetz des Moses beginnen, dem Gott eine gewaltige Autorität zukommen ließ, weil Gott mit Moses von Angesicht zu Angesicht sprach.[206]

---

205 Vgl. ebd., 10-16.

206 Ebd., 18: »Vos enim, solitarii, tempus vestrum perdidistis in deserto, nec studuistis scripturas Dei, nec audivisti docentes et dicentes homines sapientes. Non dico quin eciam tu scias; sed tamen non habeas pro malo ne recipias ad presumpcionem, si ego dico veritatem. Ego enim scio libros scripture sacre et didici omnem scienciam, et re-

Die Königin greift auf das Klischee von Antonius' Unbelesenheit zurück, ehe sie in einem ausufernden Redeschwall ihre eigene Belesenheit und Gelehrsamkeit eindrucksvoll demonstriert.[207] Dabei erweist sie sich nicht nur im Alten Testament bewandert, das Alphonsus – wahrscheinlich in einem antijudaistischen Reflex – besonders hervorhebt.[208] In zahlreichen Anklängen, Paraphrasen und Zitaten biblischer Textstellen, die von den Büchern Mose bis zur Apostelgeschichte reichen, erbringt sie den Nachweis, dass Gott die Ehe keinesfalls verbat und dass einige auserwählte Männer Gottes sogar mehr als eine Frau hatten. Weder das Zölibat noch die radikale Askese, die Antonius praktiziert, werden laut der teuflischen Königin von den Schriften vorgeschrieben. Unter dieser Last von Autoritätsargumenten beginnt Antonius zu wanken. Doch als die Königin ihm seinen apotropäischen Umhang (*calecuer*), der ihn vor Dämonen schützt,[209] wegnehmen will,

---

citabo totum antiquum testamentum cordetenus de verbo ad verbum. Incipiam enim, o pater sancte, a lege Moysi sancta et mirabili, cui Deus contulit auctoritatem immensam, quia Deus locutus est Moysi facie ad faciem.«

[207] Vgl. ebd., 19-22.

[208] Im arabischen Original findet sich diese Einschränkung anscheinend nicht: Agaiby (Hg.), *The Arabic Life of Antony*, 10, 41v. Alphonsus war im Mittelalter v. a. aufgrund seiner antijüdischen Schrift *Epistula rabbi Samuel de Fez* bekannt, die auch ins Deutsche übersetzt wurde.

[209] Zu diesem Umhang, den Alphonsus als arabisches Lehnwort übernimmt: Fenelli, »Da Cipro alla Spagna, dall'arabo al latino«, S. 525f.

durchschaut er ihre böse Absicht. Sofort schlägt er ein Kreuzzeichen und fleht zu Gott. In diesem Moment verwandelt sich die Versucherin in einen schwarzen Vulkan, der Rauch und Feuer spuckt. Die Dämonen, die ihm zuvor im vorgegaukelten Königreich als friedfertige Menschen erschienen, legen nun ihre Verkleidung ab, um den Heiligen im Feuer zu grillen. Das Feuer, das in Gestalt des feuerroten Himmels alle Illustrationen der *Vita et acta Antonii* begleitet, bricht nun aus der Erde hervor (Abb. 34). Bevor Antonius zum Schutzheiligen des *ignis sacer* wird, muss er selbst die Qualen des irdischen Höllenfeuers erdulden.[210]

Es bleibt im Dunklen, wie verbreitet die *Legenda mirabilis* tatsächlich war und inwieweit sie sich unabhängig von den *Vita et acta Antonii* auf die Ikonographie auswirkte. Bosch konnte die Legende jedenfalls aus dem *Vaederboek*, einer niederländischen Version der *Vitae patrum*,[211] kennen und es ist wahrscheinlich, dass die apokalyptischen brennenden Landschaften, die bei ihm und seinen Nachfolgern im Hintergrund der Versuchun-

---

210 Die Bildunterschrift der *Vita et acta Antonii* nennt interessanterweise neben Alphonsus' Legende Thomas von Aquins Sentenzenkommentar als Quelle. Dort wird erwähnt, dass Antonius die besondere Gabe besitzt, uns vom Höllenfeuer zu erlösen. Siehe: Thomas von Aquin, *Opera omnia*, Bd. 1, *In quattuor libros Sententiarum*, hg. v. Roberto Bussa, Stuttgart 1980, *dist.* 45, *q*3, *a*3.

211 Vgl. Bax, *Hieronymus Bosch*, S. 141-144; Cuttler, »The Lisbon Temptation of St. Anthony by Jerome Bosch«, S. 116.

Et repperit se in quodam monte igneo ubi a demonibus in sua figura apparentib'
verberatus. turmentatus. et letaliter vulneratus fuit. Alphonsus et elo. sup q̃rto
senten. di. xlv. q. iii. arti. ii.

Abb. 34: Robin Fournier, *Vita et acta Antonii abbatis*, Ms. 1, fol. 51r

NATIONAL LIBRARY OF MALTA, LA VALETTA.

gen des Heiligen lodern, dem höllischen Vulkanismus von Alphonsus' Erzählung entspringen. Überhaupt legt die Legende nahe, dass einige Versucherinnen, die wir in der Antonius-Ikonographie finden, mit der Teufelskönigin der *Legenda mirabilis* verwandt sind. In diesem Fall verkörpert die weibliche Figur neben erotischen Versuchungen auch eine theologische Versuchung. Sie steht der Lektüre nicht einfach mit ihrem verführerischen Leib im Weg, sondern affiziert und manipuliert diese von innen. Da der nackte Körper in Boschs Darstellungen der Teufelskönigin in den Vordergrund rückt, wird die intellektuelle Dimension der Versuchungen bei ihm an die lesenden Dämonen delegiert.

Dämonischer Schriftsinn

Die Teufelskönigin beweist erneut, dass die Heilige Schrift die Versuchungen zu provozieren und potenzieren vermag. Dieser Gedanke, der uns bereits bei Athanasius, Evagrius, Cassian und Climacus begegnet ist, taucht in der monastischen und mystischen Tradition immer wieder auf. Neben der teuflischen Theologie wurde manchmal die menschliche Lust an der Philologie als Hindernis empfunden. So behauptet beispielsweise der flämische Mystiker Jaan van Ruusbroec, Vordenker der *Devotio moderna*, in seiner Schrift über die vier Arten der Versuchung, *Vanden vier becoringhen* (um 1343), dass uns die »Mannigfaltigkeit der Schriften« (*menichfuldichheit der scriftueren*) von der wahren Erkenntnis Gottes abhalten kann.[212] Auf die Ebene fleischlicher Versuchungen folgen drei Ebenen geistiger Versuchungen, in denen die Menschen nicht zuletzt von den Schriften selbst versucht werden:

> Denn sie [die Schriftgelehrten] glauben, dass sie die erste Wahrheit mit ihrem natürlichen Licht erreichen und begreifen können. Nur mit ihrer eigenen Kunst wollen sie die verborgenen Geheimnisse der Schrift, die der Geist Gottes und

---

212 Vgl. Jan van Ruusbroec, *Vanden vier becoringhen*, 19. Text: *Opera omnia*, Bd. 10, fl./lat./engl., hg. v. Guido De Baere, übs. v. L. Surius u. A. Lefevere, Turnhout 1991.

> die ewige Weisheit geschaffen (gedichtet) haben, freilegen und ergründen. Und wegen ihrem Stolz denken sie, dass sie die Schriften klarer, genauer und besser verstehen als die heiligen Väter, die sie geschrieben, gelehrt und gelebt haben. Denn sie glauben, sie sind die weisesten Menschen der Welt. Und alles was sie machen ist, innerlich zu imaginieren, zu studieren und über die Schriften zu argumentieren. Und sie halten andere Menschen, die ein heiliges Leben erleiden oder die ein hartes Leben voller Buße führen, für dumme Esel und Tiere.[213]

Dieser Stolz und die Verachtung gegenüber dem einfachen Leben der »unverbildeten« heiligen Väter sind uns bereits aus den Reden von Alphonsus' Teufelskönigin vertraut. Die Selbstgefälligkeit gewisser Exegeten und Exegetinnen erklärt die Gelehrsamkeit zum Selbstzweck und erhebt sich über die Intentionen der Autoren. Die Bilder und Argumente, welche die Schrift in ihrem Geist evo-

---

213 Ebd., 153-163: »Ende si willen met harer const graven ende doergronden die verborghen heymilijcheit der screftueren, die de gheest gods ghedicht heeft ende die ewighe wijsheit. Ende overminds hare hoverde soe dunct hem datsi alle die scriftuere claerre ende naere ende badt verstaen dan de heiligen daden diese ghescreven ende gheleert ende ghelefft hebben. Want si wanen de wijste der werelt zijn. Ende alle haer oefeninghe dat es inwindich ymagineren ende studeren ende argueren de scriftuere alzoe verre alse sijt dorren doe. Ende andere menschen die een eenvoldich heitlich leven leiden oft een hert leven van penitencien, die achten si als grove eesele ende beesten.« Meine Übersetzung beruht auf der englischen Übersetzung von Lefevere.

ziert, entwickeln eine Eigendynamik, die sich von der göttlichen Intention emanzipiert. Unsere Philologie produziert einen weltlichen (dämonischen) Sinn, der den göttlichen Sinn verstellt. Die »Mannigfaltigkeit der Schriften« erweist sich als eine Mehrdeutigkeit, die uns von der Eindeutigkeit des Gotteswortes ablenkt.

Während Jan van Ruusbroec die Rolle des Teufels und der Dämonen in den Versuchungen der Schrift marginalisiert und die menschliche Lust an der Philologie akzentuiert,[214] steht die persönliche Begegnung mit dem schriftgelehrten Teufel im Zentrum des *Liber de tentatione cuiusdam monachi,* einer spirituellen Autobiographie, die Otloh von St. Emmeram in der zweiten Hälfte des 11. Jhd.s verfasste. Dieser Text macht den ambivalenten Status der Heiligen Schrift, auf deren Grundlage Otloh seine Biographie konstruiert,[215] als Quelle und Gegenmittel spiritueller Versuchungen besonders deutlich. Wie

---

214 Dies geschieht auch im einflussreichsten Werk der *Devotio moderna*, in Thomas von Kempens *Imitatio Christi* (um 1441). Ich zitiere aus der deutschen Übersetzung: »Was uns im Schriftlesen so oft im Weg steht, das ist unsere Neugier und unser Fürwitz. Wir wollen da noch grübeln und begreifen, wo wir weiter nichts als einfältig vorbeigehen sollten. Wenn dich das Lesen wirklich besser machen soll, so lies mit Demut, mit Einfalt, mit Treue, und lass dich die eitle Lust nicht anfechten, ein großer Schriftgelehrter zu heißen.« Thomas von Kempen, *Das Buch von der Nachfolge Christi*, übs. v. Johann Michael Sailer, Stuttgart 1950, 1,5.

215 Vgl. Willemien Otten, »The Bible and the Self in Medieval Autobiography. Otloh of St. Emmeram (1010-1070) and Peter Abelard (1075-1142)«, in: John McCarthy u. David Aune (Hg.), *The Whole*

der Titel verspricht, beschreibt der Benediktiner Otloh, der später als Urkundenfälscher in die Geschichte einging, sein eigenes Leben als eine Abfolge von Versuchungen. Die Geschichte beginnt mit seinem Eintritt in das Kloster von St. Emmeram (Regensburg), wo der Autor zwei unterschiedliche Typen von Mönchen antrifft. Die einen lesen heidnische Bücher, wohingegen die anderen nur die Heilige Schrift studieren. Otloh wird nur deshalb in Versuchung geführt, weil er sich zunächst der zweiten Gruppe anschließt. Gleich im ersten Absatz erklärt er die Motivation seiner Schrift:

> Umso häufiger er [Otloh selbst] sich aber mit derartigen [biblischen] Lesungen beschäftigte, desto mehr spürte er, wie die Qualen der teuflischen Versuchung anwuchsen. Aber er vertraute auf den Herrn und gab sich immerwährend der Gnade Gottes anheim; er bemühte sich mit derselben Zuversicht, mit der er begann, an der heiligen Lektüre festzuhalten. Nachdem er nach langer Zeit diesen Anfeindungen entrissen wurde, überlegte er, wie durch das, was er erlitten hatte, er selbst und andere erbaut werden könnten. Er schrieb nicht nur die hereingebrochene Pein der Versuchungen nieder, sondern auch die Worte der Heiligen Schriften, die ihm aus göttlicher Inspiration erwuchsen. Diese benutzte er unterdessen wie ein Schild, indem er mit ihnen den teuflischen Trug entgegnete.[216]

---

and Divided Self. The Bible and Theological Anthropology, New York 1997, S. 130-157, S. 132f.

216 Otloh, *Liber de tentatione*, S. 29: »Quanto autem frequentior

Bezeichnenderweise suchen die »teuflischen Versuchungen« (*diabolicae tentationes*) nur jene Mönche heim, die sich ausschließlich den Heiligen Schriften widmen. Der Teufel scheint sich nicht für die halbherzigen und halbheidnischen Mönche zu interessieren. Das gesamte Drama von Otlohs Versuchungen wie seiner Erlösung, das er in seiner Autobiographie zur Erbauung der Nachwelt erzählt, spielt sich im Rahmen der klösterlichen Lektürepraxis ab, der *lectio divina*, dem meditativen Erkunden, Rezitieren und beharrlichen »Wiederkäuen« (*ruminatio*) der Heiligen Schrift.[217] Noch bevor Gott interveniert und die Versenkung in die Schrift zu einem Schutzschild (*clypeus*) wird, wirkt die Schrift wie ein Katalysator, der die Versuchungen potenziert. Wie ein Köder zieht die Lektüre, in-

---

erat in hujusmodi lectione, tanto magis molestias diabolicae tentationis sentiebat sibi inolescere; sed ille in Domino confidens gratiaeque Dei se jugiter committens, eo animo quo coepit, in sacra lectione perservare studuit. Cumque post multum temporis ab hac impugnatione eriperetur cogitans qualiter per ea quae passus erat tam ipse quam alii aedificari possent, scripsit non solum illatas tentationis molestias, sed etiam sacrae Scripturae verba, quae ex divina inspiratione sibi provenerant, ex quibus interea fraudi diabolicae respondendo utebatur pro clypeo.« Text: *Otholoni monachi St. Emmerammi opera omnia*, hg. v. Jacques-Paul Migne (PL 146), Paris 1884. Hier und im Folgenden Übersetzung J. M.

217 Zur Geschichte dieser Lesetechnik siehe u. a.: Jean Leclercq, *The Love of Learning and the Desire for God. A Study of Monastic Culture*, trans. by Catharine Misrahi, New York 1982, S. 72ff.; Duncan Robertson, *Lectio divina. The Medieval Experience of Reading*, Minnesota 2011, S. 76 ff.

dem sie häretische Lesarten eröffnet, dämonische Gedanken an. Dabei schaut der Teufel Otloh bei seiner Lektüre gleichsam über die Schulter, liest mit, um die Texte zynisch zu kommentieren. Er versucht, den Benediktiner durch zahlreiche Zitate und Paraphrasen aus dem Alten und Neuen Testament zu verwirren und ihn zum Zweifel an seinem Seelenheil zu bewegen. Wie die teuflische Theologin aus der *Legenda mirabilis* möchte er anhand der Schrift beweisen, dass Glaube und Gnade nur den Wenigsten vorbehalten sind und dass Gottes Wahl ein Akt der Willkür ist.[218] Nicht zuletzt hindert er Otloh am Gebet oder weckt ihn mitten in der Nacht durch gespenstische Phantasmen, um ihn zu erschöpfen[219] – eine Strategie, die wir bereits von Athanasius und Cassian kennen.

Am Höhepunkt seiner Versuchungen schlittert Otloh, in dem sich langsam Zweifel an der Heiligen Schrift und der Existenz Gottes regen, in eine hermeneutische Krise. Die Schriften, die Textgrundlage, an die er sich bei seinen vorherigen Versuchungen klammern konnte, werden ihm nun durch die Argumentation des Teufels unter den Füßen weggezogen. Der Teufel redet ihm schließlich ein, dass das Leben der heutigen Menschen im Widerspruch zu den Schriften steht. Daraus folgert er, dass die Natur der Menschen verdorben ist. Wenn die Verfasser der Heiligen Schrift also ehrbare und fromme Worte äu-

218 Vgl. Otloh, *Liber de tentatione*, S. 30.
219 Vgl. ebd., S. 31f.

ßern, dann entspricht das nicht ihrer Lebensführung und ihrer wirklichen Ansicht. Die Schriften sind bloß ein Vorwand, um ihre verborgenen Absichten zu kaschieren. Satan zieht deshalb den perfiden Schluss:

> [...] dass alle Bücher des göttlichen Gesetzes, die auf solche Weise verfasst wurden, dass sie nämlich offenbar nach außen eine gewisse Oberfläche der Gottesfurcht und Tugend aufweisen, nach innen jedoch nach einer anderen Logik [*ratio*] und einer anderen Lesart verlangen. So lassen sich in den meisten Büchern, besonders jedoch in den Heiligen Schriften, mühelos Sätze finden, die dem Buchstaben und dem Verständnis nach jeweils einen anderen Gedanken [*ratio*] festhalten. Dass sich das alles so verhält, will ich durch ein Zitat von Paulus beweisen, der schreibt: ›Der Buchstabe nämlich tötet, der Geist aber‹ – das heißt der Sinn – ›macht lebendig‹. Wirst du nicht durch diese Worte des Apostels deutlich genug belehrt, dass du dich, wenn du den Wörtern der Bücher folgst, in höchste Gefahr begibst? Dasselbe musst du nun auch in Bezug auf das Wesen Gottes begreifen. Sollte es überhaupt irgendeine Person oder eine Tugend des allmächtigen Gottes geben, würde keineswegs eine so große Konfusion und Diversität in allen Dingen erscheinen.[220]

---

220 Ebd. S. 33: »[...] secundum talem modum omnes legis divinae libros [...] conscriptos, ut videlicet religiositatis et virtutis superficiem quamdam exterius habeant, interius vero rationem aliam et intellectum exquirant. Sicut in plurimis maximeque in divinis codicibus facile reperiuntur sententiae, aliam in littera, aliam in intelligentia rationem retinentes. Haec autem omnia ita esse uno Pauli testimonio approbo: *Litteram enim*, inquit, *cecidit, spiritus autem*, id est sensus,

Die pessimistische Hermeneutik des Teufels verwandelt die semantische Oberfläche der Schriften in eine dünne und trügerische Kruste, die jederzeit einbrechen kann, sodass die Leser und Leserinnen in eine Welt gegenteiliger und widersprüchlicher Bedeutungen und Intentionen stürzen. Das pragmatische Schisma zwischen Wort und Tat führt zu einem semantischen Schisma zwischen Buchstabe und Sinn, offensichtlicher und verborgener Bedeutung. Damit wird die *lectio divina*, auf der die monastische Lebensform beruht, radikal untergraben.[221] Das ermöglicht den Spielraum einer untergründigen *ratio* teuflischer Intentionen, welche die Kategorien von Innen und Außen, von Sein und Schein pervertieren.[222] Da sich die Heilige

---

vivificat. Nonne satis aperte per haec Apostoli verba doceris quia, si librorum dicta sequeris, maxima pericula patieris? Idem quoque de Dei essential intellegendum est. Alioquin si aliqua persona aut virtus Dei omnipotentis esset, nequaquam tanta confusion atque diversitas in rebus cunctis appareret.«

221 Vgl. Otten, »The Bible and the Self in Medieval Autobiography«, S. 137.

222 Hierzu die Bemerkung von Blum: »Die letzte Versuchung ist deswegen die tiefste, weil sie mit dem Gegensatzpaar Außen-Innen – oder in platonischen Termini: Schein und Sein – arbeitet. Die Versuchung gipfelt also darin, dem Schein den Vorrang zuzuweisen; dabei ist [...] dem Schein das Innere, das Äußere jedoch dem Sein zugeordnet. Die altbekannten platonischen Fronten sind also verschoben: die Schreiber der Schriften haben äußerlich das Richtige – das Sein – geschrieben, in ihrem Inneren sich jedoch nicht daran gehalten.« In: Otloh von St. Emmeram, *Das Buch von seinen Versuchungen. Eine geistliche Autobiographie aus dem 11. Jahrhundert*, eing. u. übs. v. Wilhelm Blum, Münster 1977, S.18.

Schrift (wie fast alle Texte) nicht durchgängig wörtlich verstehen lässt, muss sie oftmals im übertragenen Sinn gedeutet werden. Diese spirituelle oder figürliche Lesart, die gemeinhin dazu dient, semantische Widersprüche zu vermeiden, eröffnet gefährliche hermeneutische Freiheiten. Satan schöpft diese aus, indem er die berühmte Opposition zwischen totem Buchstaben und lebendigem Geist, mit dem Paulus im zweiten Korintherbrief das Verhältnis von Altem und Neuem Bund dramatisiert (2 Kor 3,6), als Freibrief für eine geistige Deutung liest. Mit diesem Ansatz ist er nicht allein, denn zahlreiche Theologen von Origenes bis Luther berufen sich nicht zuletzt auf dieselbe Paulus-Stelle, um ihre Vergeistigung der Lektüre voranzutreiben.[223] Doch gläubige Exegeten und Exegetinnen ringen darum, die »Grenzen der Interpretation« zu stabilisieren, wohingegen Satan, das Buchstäbliche, dessen Rahmen den geistigen Sinn begrenzen und domestizieren soll, zu demontieren droht.[224] Die Uneigentlichkeit der Lektüre wird zum Eigentlichen erhoben. Diese Entgrenzung der Lektüre und Entfesselung der Leserinnen und Leser führt

---

223 Vgl. Wai-Shing Chau, *The Letter and the Spirit. A History of Interpretation from Origen to Luther*, New York/Vienna 1995, insb. S. 9-42.

224 Über die Stabilisierung heiliger Texte, die immer auch einen Exzess des Interpretierens provozieren, siehe Ecos berühmten Aufsatz zur Überinterpretation: Umberto Eco, *Zwischen Autor und Text. Interpretation und Überinterpretation. Mit Einwürfen von Richard Rorty, Jonathan Culler, Christine Brooke-Rose und Stefan Collini*, übs. v. Hand Günter Holl, München/Wien 1994, S. 60.

schließlich zu einem interpretatorischen *Anarchismus*, der mit einem theozentrischen Weltbild unvereinbar scheint. Wenn Gott als Bedeutung aller Bedeutungen nicht mehr den geistigen Sinn monopolisiert, dann wird seine eigene Existenz fraglich und überflüssig. Satans Kritik der Schriften kulminiert im Atheismus.

Natürlich versucht die christliche Hermeneutik seit jeher ein Bollwerk gegen solche dämonischen Versuchungen der Schrift zu errichten. Augustinus bemüht sich etwa in seiner Schrift *De doctrina christiana*, die Grenze zwischen dem Wörtlichen und dem Figürlichen zu fixieren, indem er vorschreibt, dass alles, was nicht im buchstäblichen Sinn auf die Gottesliebe (*caritas*) verweist, im übertragenen Sinn auf diese zu beziehen sei.[225] Diese Grenzziehung setzt freilich bereits die Existenz Gottes und die augustinische Liebeslehre voraus. Solange diese jedoch in Frage steht, gibt es keinen stabilen Kontext, der eine definitive Grenze zwischen dem Buchstäblichen und Figürlichen zieht. Augustinus ist sich durchaus bewusst, dass die Übertragung nach den Gesetzen der Ähnlichkeit und Unähnlichkeit in widersprüchliche Bereiche führen muss. Die Ähnlichkeit bzw. Unähnlichkeit hängt vom Kontext und vom Standpunkt der Lesenden ab und das Wort »Löwe« kann z. B. in den Schriften sowohl Jesus als auch Satan

---

225 Vgl. Augustinus, *De doctrina christiana*, 3, XV 23,54. Vgl. Michael Cameron, »Augustine and Scripture«, in: Mark Vessey (Hg.), *A Companion to Augustine*, Chichester u. a. 2012, S. 200-214, S. 205f.

bezeichnen.[226] Alle sieben exegetischen Regeln, die Augustinus in *De doctrina christiana* aufstellt,[227] sollen zumindest die Art und Weise der übertragenen Lesart vorgeben.[228]

Auch die traditionelle Unterscheidung unterschiedlicher Schriftsinne möchte die Richtung der Übertragung lenken. Die Theorie des mehrfachen Schriftsinns, die sich im Gefolge von Cassian oftmals auf vier Schriftsinne festlegte – literaler, allegorischer, anagogischer sowie tropologischer Sinn –, soll den Exzess der Bedeutungsmöglichkeiten eindämmen.[229] Sie möchte die Übertragung des Li-

---

226 Vgl. Augustinus, *De doctrina christiana*, 3, XXV 77,78-79.

227 Augustinus adaptiert diese Regeln aus der Hermeneutik des donatistischen Bischofs Tyconius: Hierzu: Karla Pollmann, *Doctrina christiana. Untersuchungen zu den Anfängen der christlichen Hermeneutik unter besonderer Berücksichtigung von Augustinus: De doctrina christiana*, Freiburg 1996, S. 32-66. Augustinus etabliert neben einer figuralen Lesart aber auch eine kontextualistische, die man als Vorläufer einer modernen historischen Bibellektüre betrachten könnte: Carlo Ginzburg, »The Letter Kills: Or some Implications of 2 Corinthians 3:6«, in: *History and Theory,* 49 (2010), S. 71-89, insb. S. 73f.

228 Vgl. Augustinus, *De doctrina christiana*, 3, XXX 42,93-XXXVII 56,133.

229 Einen guten Überblick über die Entwicklung des vierfachen Schriftsinns, der sich gegen alternative Modelle durchsetzte, bietet: Ernst von Dobschütz, »Vom vierfachen Schriftsinn. Die Geschichte einer Theorie« in: *Harnack-Ehrung. Beiträge zur Kirchengeschichte ihrem Lehrer Adolf von Harnack dargebracht von einer Reihe seiner Schüler*, Leipzig 1921, S. 1-13. Siehe auch: Beryl Smalley, *The Study of the Bible in the Middle Ages*, Oxford 1952, S. 1-16; und den volu-

teralsinns (Historie) in Richtung auf eine theologische Glaubenswahrheit (Allegorie), auf eine moralische Lehre (Tropologie) oder auf ein visionäres Endzeitszenario (Anagoge) fixieren. Doch letztlich hängen diese Richtungen und Deutungen immer schon von der Tradition ab, ohne deren Leitlinien eine einheitliche rechtgläubige Bibellektüre unmöglich wäre. Für Cassian gibt es, wie gesagt, außerhalb der autoritativen »Münzstätte der Väter« keine Echtheitsgarantie für eine Interpretation und außerhalb der traditionellen Institutionen keine untrügliche »Unterscheidung der Geister«. Ganz ähnlich betont Guigo der Kartäuser, der mit seiner *Scala claustralium*, im 12. Jhd. ein kleines Standardwerk zur *lectio divina* verfasste, dass unsere Meditationen über die Schriften die Grenzen der Tradition nicht überschreiten dürfen:

> Oder wie anders können wir darauf bedacht sein und wie es vermeiden, nicht durch falsche oder eitle Meditation die Grenzen zu überschreiten, die von den heiligen Vätern gesetzt wurden, wenn wir nicht zuvor durch Lesung und mündliche Belehrung unterwiesen worden sind? Die mündliche Belehrung dient nämlich dem gleichen Zweck wie die Lesung. Daher pflegen wir zu sagen, dass wir nicht nur die Bücher gelesen haben, die wir für uns selbst oder für andere

minösen Klassiker: Henri du Lubac, *Exégèse Médiéval. Les Quatre Sens de l'Écriture*, Paris 1959, Bd. 1., insb. S. 43-94.

> lesen, sondern auch jene, die wir (mündlich) von den Meistern hörten.[230]

Die geistliche Lektüre, macht Guigo deutlich, ist keine solipsistische Tätigkeit, sondern immer schon eine kollektive Praktik, die an ein bestimmtes historisches Vorverständnis gebunden ist und sich notwendig im Rahmen der »Grenzen, die von den heiligen Vätern konstituiert wurden« (*limites a sanctis patribus constituti*) ereignet. Egal, ob diese Grenzen der Interpretation tendenziell durch eine philosophisch-theologische Spekulation, durch eine innere Erfahrung oder durch eine autoritäre Unterwerfungsgeste vor dem Urteil der »Väter« etabliert wurden, der Akt ihrer Setzung bleibt zirkulär. Die Einhegung des Texts antizipiert einen gewissen Bedeutungshorizont, der den Text übersteigt. Diese Transzendenz des Texts wird in herkömmlicher christlicher Sicht entweder Gott oder den Dämonen zugeschrieben. Wird der hermeneutische Zirkel folglich aus dieser Perspektive nicht durch eine göttliche Inspiration/Intervention gebrochen, dann muss er sich in einen wortwörtlichen Teufelskreislauf (*circulus*

---

230 Guigo der Kartäuser, *Scala claustralium*, 11: »Aut quomodo cavere poterimus ne, falsa ut inania quaedam meditando, limites a sanctis patribus constitutos transeamus, nisi prius circa hujusmodi ante ex lectione aut ex auditu fuerimus instructi? Auditus enim quodam modo pertinet ad lectionem. Unde solemus dicere, non solum libros ipsos nos legisse quos nobis ipsis vel aliis legimus, sed illos etiam quos a magistris audivimus.« Übs. J. M. Text in: S. Bernardi, *Opera omnia*, Bd. 3, hg. v. Jacques-Paul Migne (PL 184), Paris 1862.

diaboli) verwandeln, der die Lesenden durch die Pluralität möglicher Interpretationen von der wahren Erkenntnis der Singularität Gottes abhält.

Gemäß den Erfordernissen einer solchen Hermeneutik wird auch Otloh inmitten seines *Liber de tentatione* von Gott aus dem Teufelskreislauf der exegetischen Versuchungen gerissen. Nachdem er Gott – an dessen Existenz er also nicht völlig zweifelt – um Hilfe anfleht, spricht Gott zu ihm und erklärt ihm die Bedeutung seiner Schriften.[231] In einem langen Monolog, der den größten Teil des Büchleins füllt, zitiert und interpretiert Otlohs Gott Passagen aus dem Alten und Neuen Testament, verweist auf die *Vitae patrum* und erläutert den wahren christlichen Lebensweg. Der Urautor, der Autor, der hinter allen biblischen Autoren steht, ist präsent und erklärt dem Leser höchstpersönlich die Intentionen seiner Texte. Die Versuchungen, die Otloh erleiden musste, werden dabei als ein Moment der Autorenintention gedeutet. Zwar entspringen die Versuchungen der Sündigkeit der Leser bzw. Leserinnen, doch gäbe es ohne diese Versuchung keine Erlösung. In diesem Sinne zitiert Gott laut Otloh u. a. den Apostel Paulus (2 Tim 2,5): »Niemand wird gekrönt werden, der nicht rechtmäßig gekämpft hat.«[232] Darum lässt Gott den Teufel die Menschen wiederholt in Versuchung

---

231 Vgl. Otloh, *Liber de tentatione*, S. 34ff.

232 »Nemo coronabitur nisi qui legitime certaverit.« Ebd, S. 35. Das Zitat, das Otloh vermutlich aus dem Kopf zitiert, weicht vom Text der Vulgata ab.

führen und darum wurden fast alle Heiligen auf körperliche oder geistige Weise versucht. Gott verweist in diesem Zusammenhang insbesondere auf die Legenden des hl. Benedikt und des hl. Antonius, welche für die Benediktiner wie für die gesamte monastische Bewegung als entscheidende »Gründerväter« galten. So fungiert Antonius als literarisches Modell von Otlohs eigenen Versuchungen durch die Schrift.

Da die Versuchungen Gottes eigener Rede zufolge zum göttlichen Heilsplan gehören, von dem sie gleichsam instrumentalisiert werden, kann Otloh die »teuflischen Trugbilder« (*delusiones diabolicae*), die ihn heimsuchen, sogar als »Werkzeuge der himmlischen Hilfe« (*celestis adjutorii instrumenta*) bezeichnen.[233] Wenn seine Versuchungen aber, wie gezeigt, im Wesentlichen auf seiner Lektüreerfahrung beruhen, muss die Möglichkeit der Versuchung und der Fehllektüre folglich bereits im göttlichen Wort angelegt sein. Die Versuchungen werden nicht einfach von außen in die Schrift hineingetragen, sie schlummern latent in ihrem Inneren. Ähnlich wie Gott Satan und allen anderen Engeln die Freiheit ließ, sich gegen ihren Schöpfer zu wenden, und jedem Menschen erlaubt, zu sündigen, so ermöglicht er den Leserinnen und Lesern seiner Schriften, sich zeitweilig gegen die Intentionen des obersten Autors zu wenden. Diese hermeneutische Freiheit ist eine Konsequenz der theologischen Freiheit der

233 Vgl. ebd., S. 34.

Geschöpfe. Die göttliche Autorintention ermöglicht – zumindest vorläufig – eine widerspenstige Intention der Schrift, die sich nicht auf die Intention der Lesenden reduzieren lässt, da sie ja den Dämonen zugeschrieben wird.[234] Solch ein rebellischer interpretatorischer Spielraum könnte als dämonischer Schriftsinn bezeichnet werden. Dieser würde neben dem traditionellen vierfachen Schriftsinn nicht einfach einen weiteren fünften Schriftsinn darstellen, sondern die Gefahr signalisieren, dass sich jeder etablierte Sinn prinzipiell verkehren lässt, um in den Dienst nichtautorisierter Mächte zu treten.

---

[234] Man könnte dem bekannten Modell von Eco neben der Autorintention (*intentio auctoris*), der Werkintention (*intentio operis*) und Leserintention (*intentio lectoris*) eine Intention der Dämonen (*intentio daemonum*) hinzufügen. Diese *intentio daemonum* widerspricht den anderen Intentionen nicht grundsätzlich, lässt sich aber nicht auf diese reduzieren. Vgl. Umberto Eco, *Die Grenzen der Interpretation*, übs. v. Günter Memmert, München/Wien 1992, S. 35ff.

Verinnerlichte Versuchungen

Wenn die lesenden Dämonen, die wir in spätmittelalterlichen Buchmalereien, frühneuzeitlichen Gemälden und Grafiken finden, die Heilige Schrift zitieren, memorieren, interpretieren, dann aktualisieren sie den dämonischen Schriftsinn, das subversive Potenzial, das in den Schriften selbst schlummert. Wie wir dank Athanasius wissen, können die schriftkundigen Dämonen sowohl auf der Ebene der Gedanken (*logismoí*) wie auf der körperlich-sinnlicher Erscheinungen (*phantasíai*) auftreten, wobei sich beide Ebenen nicht immer eindeutig scheiden lassen. Es ist nicht klar, ob es sich bei den dämonischen Stimmen, die laut *Vita Antonii* unsere Lektüre wie ein Echo begleiten, um innere oder äußere Stimmen handelt. Die dämonische Erfahrung besetzt Gebiete, die diesseits einer Grenzziehung zwischen Außen- und Innenwelt liegen.[235] Nichtsdestotrotz bemühen sich die meisten Dämonologen, dieses Gebiet nachträglich zu kartographieren, um zwischen inneren und äußeren Phantasmen zu differenzieren. Während

---

235 Die Dämonen operieren in vielen frühchristlichen Quellen auf beiden Ebenen: Vgl. Nienke Vos, »Demons Without and Within. The Representation of Demons, the Saint, and the Soul in Early Christian Lifes, Letters, and Sayings«, in: ders. u. Otten Willemien (Hg.), *Demons and the Devil in Ancient and Medieval Christianity*, Leiden 2011, S. 160-181.

Athanasius oder Augustinus die Phantasmen der Dämonen unter Verweis auf die proteische Plastizität der dämonischen Luftkörper teilweise *physikalisch* erklären, tendieren andere Theoretiker dazu, diese *physiologisch* zu verstehen und zu behaupten, dass die Dämonen in unserem Körper wirken.[236] Antonius erklärt etwa in einem Spruch aus der lateinischen Überlieferung der *Apophthegmata patrum*, der auch in der *Legenda aurea* zitiert wird: »Daher ist es gut zu wissen, dass es drei körperliche Bewegungen [in uns] gibt: Eine natürliche [Bewegung], eine aus der Überfülle an Nahrung; eine dritte allerdings von den Dämonen.«[237] Die innerkörperlichen Bewegungen (*corporales motus*) und unsere Phantasie werden also von unserer Natur, unserer Ernährung oder eben von Dämonen beeinflusst. Die Dämonen erscheinen nicht unmittelbar in ihrer körperlichen Gestalt, sie äußeren sich mittelbar in den Regungen unseres Körpers.

Diese beiden Erklärungsmodelle schließen sich nicht aus. Ganz im Gegenteil ergänzen sie sich in den *Apoph-*

---

[236] Ausführlich zu diesem physiologischen Modell, das weit in die Antike zurückreicht, siehe: Klemm, *Bildphysiologie*, S. 220ff.

[237] *Verba seniorum*, 5,1. »Itaque scire convenit quia tres sunt corporales motus. Unus quidem naturalis; alius autem ex plentidudine ciborum; tertius vero ex daemonibus.« Text in: *Vitae patrum sive historiae eremiticae libri decem*, Bd. 1, hg. v. Heribert Rosweyde, bearb. Jacques-Paul Migne (PL 73), Paris 1849. Übs. J. M. Fast im selben Wortlaut in: Jacobus de Voragine, *Legenda aurea*, Bd. 1., S. 372. Derselbe Gedanke wird auch in den sogenannten Antonius-Briefen wiederholt: Rubenson (Hg.), *The Letters of St. Anthony*, S. 199f.

thegmata, der *Vita Antonii,* der *Legenda aurea* und unzähligen weiteren Heiligenlegenden: Die Dämonen säen schmutzige Gedanken, flößen trügerische Träume und Visionen ein, rufen Krankheit und Besessenheit in unserem Körper hervor oder aber erscheinen uns auf äußerliche physische Weise.[238] Selbst die Hexenliteratur, die ab dem Spätmittelalter zunehmend auf der körperlichen Existenz des Hexenflugs und Hexensabbats beharrt, lässt die Möglichkeit der physiologischen Manipulation unserer Vorstellungskraft zu. Die Dämonen, die unter dem Einfluss der Theologie von Thomas von Aquin vergeistigt wurden,[239] können nun nicht nur einen *Scheinleib* annehmen, sondern auch auf die Phantasie einwirken. Im verhängnisvollsten Buch des »Hexenwahns«, dem *Malleus maleficarum* (1486) des deutschen Inquisitors Heinrich Kramer, heißt es etwa:

> [...] das, was bei Schlafenden bei den Traumerscheinungen durch die Lebensgeister geschieht, d. h. durch die im Vorratsspeicher [der Phantasie] aufbewahrten Vorstellungsbilder, und zwar aufgrund der natürlichen lokalen Bewegung, wegen der Bewegung des Blutes und der Körpersäfte hin zu jenen Hauptsitzen, d. h. zu den inneren sensitiven Kräften –

---

238 Schon Caesarius v. Heisterbach berichtet von dem Streit, ob die Dämonen von innen im Menschen wirken (*intus*) oder von außen (*sed extra*), und plädiert dafür, dass sich beide Erklärungen gegenseitig ergänzen: *Dialogus miraculorum,* 5,15.

239 Vgl. Euan Cameron, *Enchanted Europe. Superstition, Reason, and Religion. 1250-1750*, Oxford u. a. 2010, S. 92-102.

wir sprechen von einer lokalen intrinsischen Bewegung im Kopf bzw. in den Kammern des Kopfes [Gehirns] –; das kann auch aufgrund einer ähnlichen lokalen Bewegung stellvertretend durch die Dämonen geschehen, und zwar nicht nur bei Schlafenden, sondern auch bei Wachenden, bei denen die Dämonen die inneren Lebensgeister und Säfte bewegen und erregen können, so dass die im Vorratsspeicher aufbewahrten Vorstellungsbilder aus dem Schatzhaus [der Erinnerung] zu den sensitiven Hauptsitzen geführt werden, d. h. zu jenen imaginären bzw. phantastischen Kräften, so dass sich diese [Menschen] irgendwelche Sachen vorzustellen haben. Und dies wird folglich innere Versuchung genannt werden [...].[240]

---

240 Heinrich Kramer, *Malleus maleficarum*, 1,7: »[...] hoc quod contigit in dormientibus de apparitionibus somniorum ex spirituum, id est, specierum in conseruatorijs repositarum, et hoc ex naturali motu locali propter commotionem sanguinis et humorum ad principia illa, id est, ad virtutes sensitiuas interiores, et dicimus motu locali intrinsico in capite et in cellulis capitis. Hoc etiam potest accidere ex consimili motu locali per demones procurato et non tantum in dormientibus sed et in vigiliantibus, in quibus demones possunt admouere et commouere interiores spiritus et humores, vt species conseruate in conseruatorijs educantur de thesauris ad principia sensitiua, id est, ad virtutes illas imaginatiuam et fantasticam, vt res aliquas habeat talis imaginare. Et talis dicetur interior tentatio [...].« Text: Henricus Institoris (u. Jacobus Sprenger), *Malleus maleficarum*, lat./engl., hg. u. übs. v. Christopher S. Mackay, Cambridge 2006, Bd. 1, S. 299. Übs. J. M. Die Mitautorschaft von Jacob Sprenger gilt als unwahrscheinlich. Siehe die Einleitung in: *Der Hexenhammer*, übs. v. Wolfgang Behringer, Günter Jerouschek u. Werner Tschacher, München 2000, S. 31-40.

Laut *Malleus*, der sich auf misogyne Weise auf weibliche Hexerei spezialisiert,[241] können Dämonen die Hexen nicht nur körperlich entführen, verführen und schwängern – Kramer ist vom sexuellen Verkehr zwischen Menschen und Dämonen besessen –,[242] sie können auch auf unsere »inneren Sinne« (*virtutes sensitivae interiores*) wirken, worunter nach scholastisch-aristotelischer Sicht Gemeinsinn, Gedächtnis, Imagination und Urteilskraft zu verstehen sind.[243] Durch die Beeinflussung unserer Körpersäfte und Lebensgeister können die Dämonen unsere Vorstellungsbilder und Ideen (*species*) manipulieren. Die körperlichen Bewegungen, von denen Antonius spricht, werden zu einer physiologischen Erkenntnistheorie ausgebaut, in der jede sinnliche Wahrnehmung oder Vorstellung eine dämonische Simulation sein könnte.[244] Diese all-

---

241 Vgl. Tamar Herzig, »The Bestselling Demonologist. Heinrich Institoris's *Malleus maleficarum*«, in: Jan Machielsen, *The Science of Demons. Early Modern Authors Facing Witchcraft and the Devil*, London/New York 2020, S. 53-67, S. 57ff.

242 Sex mit Dämonen wurde in der Hexenverfolgung als physischer, gleichsam empirischer Beweis für die Existenz von Dämonen betrachtet: Stephens, *Demon Lovers*, insb. S. 18ff.

243 Zur Theorie der inneren Sinne siehe: Ruth Harvey, *The Inward Wits. Psychological Theory in the Middle Ages and the Renaissance* (Warburg Institute Surveys, No. 6), London 1975, insb. S. 44ff.

244 Dieser Gedanke entwickelt sich im Mittelalter v. a. ausgehend von Sentenzen des Petrus Lombardus. Laut Thomas von Aquin kann alles, was in dieser Welt sichtbar ist, dämonischen Ursprungs sein: Vgl. Tullio Gregory, *Principe di questo mondo. Il diavolo in occidente*, Bari 2013, S. 17-29.

gegenwärtige Gefahr wird vom *Malleus* im Unterschied zu den äußeren Versuchungen der Hexen als »innere Versuchung« (*interior tentatio*) bezeichnet.

Bei den meisten bildnerischen Versuchungen des Antonius bleibt offen, ob die dämonischen Phantasmen, die den Heiligen umschwärmen, äußere oder innere Versuchungen darstellen. Die Phantasmen der Künstler und Künstlerinnen haben selbst einen ambivalenten Status. Sie sind »äußerlich«, insofern sie nur auf dem Blatt oder der Malfläche existieren, und »innerlich«, insofern sie nur im Kopf der Betrachtenden lebendig werden. Wie die Wüste stellen die Bilder ein Zwischenreich dar, in dem Innen und Außen ununterscheidbar wird. Dennoch gibt es innerhalb der Bilder Hinweise, wie die Phantasmen zu lesen sein könnten. Bei Parentino, Bosch und Grünewald ist die körperliche Gewalt der Dämonen offensichtlich, was eine rein physiologische oder gar psychologische Deutung unwahrscheinlich macht. Wenn der geistliche Historiker Fra José Sigüenza in einem vielzitierten Satz aus seiner Geschichte des Hieronymus-Ordens (1605) Bosch dafür rühmt, dass er den Menschen gleichsam von innen (*cual es dentro*) malte, dann heißt das nicht unbedingt, dass die Dämonen nur in der Vorstellung existieren: »Meines Erachtens besteht der Hauptunterschied zwischen den Gemälden dieses Mannes [Bosch] und den Gemälden der übrigen Maler darin, dass die anderen den Menschen in seiner äußeren Erscheinung malen; dieser aber hat es als einziger gewagt, den inneren Menschen zu malen.«[245] Die uralte Vorstellung vom »inneren Menschen« ist eine spirituelle und keine psychologische Kategorie.[246] Darum präzisiert Singüenza wenige Sätze später, dass Phantasmen des Teufels sowohl den äußeren wie den inneren Augen erscheinen (*la fantasia y a los ojos de fuera y dentro*).[247] Die lesenden Dämonen, die sich bei Parentino oder Bosch der Lektüre des Heiligen bemächtigen, lassen sich durchaus physisch verstehen. Die Lektüre provoziert und produziert körperliche Phantasmen, die uns (auch) von außen bedrängen.

Demgegenüber signalisiert Albrecht Dürer, der sich wiederholt mit den Versuchungen des hl. Antonius auseinandersetze, die Innerlichkeit der Versuchungen. Auf dem linken Flügel des *Dresdener Altars* (1496), der teilweise Dürer zugeschrieben wird,[248] sehen wir Antonius als einen *versunkenen Leser*, dessen rechte Hand sich auf ein dickes

---

245 Sigüenza, *Historia de la Orden de San Jéronimo*, S. 636: »[...] la diferencia que a mi parecer ay de las pinturas deste hombre a las de los otros, es que los demas procuraron pintar al hombre qual parece por de fuera; este [Bosch] solo se atreuio a pintarle cual es dentro [...].« Übs. Ashwin Schumann.

246 Vgl. Largier, *Die Kunst des Begehrens*, S. 30f.

247 Eine Übersetzung des ausführlichen Zitats findet sich in Fußnote 55.

248 Die Urheberschaft des Altars ist umstritten. Vermutlich stammen die Außenflügel von Dürer und die Mitteltafel von einem anderen Künstler: Vgl. Norbert Wolf, *Albrecht Dürer*, München u. a. 2019, S. 234.

Buch stützt (Abb. 35). Mit halbgeschlossenen und gleichsam nach innen gewandten Augen brütet der Heilige über dem Gelesenen, indes über seinem Kopf ein Kampf zwischen Renaissance-Putti und gotischen drachen- und vogelköpfigen Dämonen entbrennt.[249] Die Phantasmen ballen sich wie Wolken über dem Leser. Die Wolken sind einerseits ein gängiges Modell der physischen Formation phantastischer Luftkörper, andererseits drücken sie die Innerlichkeit und Traumhaftigkeit des Dämonenkampfes aus.[250] Ähnlich werden auf einer als *Engelsmesse* (um 1500) betitelten Zeichnung, die Dürer zugeschrieben wird, die dämonischen und himmlischen Phantasmen einer Gruppe betender Mönche durch ein Wolkenband als innere Versuchungen und Visionen dargestellt.[251] So sind auch die Phantasmen auf dem *Dresdener Altar* als Ausdruck von Antonius' meditativer Lektüre lesbar. Die Versuchungen werden zu einer Art *Psychomachie*, die gerade

---

249 Hierzu der Kommentar von Cuttler: »Angelic forms of Italian inspiration, however, combat demons inspired by Schongauer's zoomorphic forms, a true conflict of the ideals Duerer attempted to reconcile; Renaissance humanism and northern transcendentalism.« Cuttler, *The Temptations of Saint Anthony in Art*, S. 93.

250 Über Wolken als dämonisches Medium: Michael Cole, »The Demonic Arts and the Origen of the Medium«, in: *The Art Bulletin*, 84,4 (2002), S. 621-640, insb. S. 626-628. Siehe auch: Hubert Damisch, *Theorie der Wolke. Für eine Geschichte der Malerei*, übs. v. Heinz Jatho, Zürich/Berlin 2013, insb. S. 38ff.

251 Vgl. Joseph Leo Koerner, *Die Reformation des Bildes*, übs. v. Rita Seuß, München 2017, S. 184f.

zu Ende geht, da einer der Engel bereits einen Siegeskranz bereithält (analog werden auf der mittleren Tafel Maria und auf der rechten der hl. Sebastian von Engeln gekrönt). Der Gedanke des Paulus, »Niemand wird gekrönt werden, der nicht rechtmäßig gekämpft hat«, den Otloh zitiert, wird hier zum Bild. Antonius ist nach außen ein *versunkener Leser*, der das Böse mit schlafwandlerischer Sicherheit überwindet, wohingegen er nach innen ein *gestörter* oder *geschändeter Leser* ist, der nach einem langen Kampf endlich zur Ruhe findet. Damit wird das Verhältnis von Innen und Außen im Vergleich zur Bildtradition, die ungefähr zur gleichen Zeit von Boschs *Lissaboner Triptychon* vertreten wird, umgekehrt. Wohingegen Antonius bei Bosch vor dem äußeren Tumult der Phantasmen in die innere Ruhe flieht, wird bei Dürer der Tumult selbst innerlich. Die Lektüre des Antonius, die Lektüre der Maria, das Gebet des Sebastian und nicht zuletzt der Schlaf des Jesuskinds scheinen in der Darstellung des *Dresdener Altars* Engel und Ungeheuer zu gebären.[252] Vor diesem Hintergrund verwundert es kaum, dass Dürer etwa dreißig Jahre später in seiner Proportionslehre dä-

---

252 Acres sieht im Schlaf des Jesuskindes auf der Mitteltafel die eigentliche Ursache der dämonischen Versuchungen: Alfred Acres »What Happens if Christ Sleeps?«, in: Christian Heck (Hg.), *L'allégorie dans l'art du Moyen Âge. Formes et fonctions. Héritages, creations, mutations*, Turnhout 2013, S. 125-137. Der Schlaf Christi antizipiert dessen Passion, die sich wiederum in Antonius' Versuchungen widerspiegelt.

Abb. 35: Detail: Albrecht Dürer, *Dresdener Altar*.

STAATLICHE KUNSTSAMMLUNG DRESDEN.

monische künstlerische Phantasmen und Mischwesen, wie wir sie bei Schongauer und Bosch finden,[253] als »traumwerck« bezeichnen wird.[254] Traumtheorie und Dämonologie rücken bei Dürer wie im *Malleus maleficarum* in nächste Nähe.[255]

Auch in einer Randzeichnung, die Dürer für das Gebetsbuch von Kaiser Maximilian I (1515) anfertigte, wird die Innerlichkeit der Versuchungen problematisiert: Ein Mönch, bei dem es sich wohl um Antonius handelt, wird von einer weltlichen Dame in tailliertem Kleid versucht, die dem Asketen einen Teller unter die Nase hält, aus dem kalligraphische Duftwolken steigen. Zur gleichen Zeit bläst ein geflügelter Dämon dem Mönch mit einem Blasbalg Phantasmen, *heiße Luft*, ins Gehirn (Abb. 36). Da es sich um eine Randzeichnung in einem Gebetsbuch han-

---

253 Wirth vermutet, dass sich Dürer auf Bosch bezieht: Jean Wirth, »La démonologie de Bosch«, in: ders. u. Florian Rodari (Hg.), *Diables et diableries. La representation du diable dans la gravure des XVe XVIe siècles*, Genf 1977, S. 71-85, S. 79.

254 Das Zitat lautet: »Doch huet sich ein yedlicher, das er nichtz unmueglichs mach, das die natur nit leyden kuen. Es wer dann sach, das einer traumwerck wolt machen, inn solchem mag einer allerley creatur under einander mischen.« Albrecht Dürer, *Schriftlicher Nachlass*, hg. v. Hans Rupprich, Berlin 1969, Bd. 3, S. 292. Zu diesem Ausdruck siehe auch: Jan Michael Massing, »Dürer's Dreams«, in: *Journal of the Warburg and Cortauld Institutes*, 49 (1986), S. 238-244, S. 240f.

255 Klemm argumentiert hierfür anhand von Dürers Stich *Traum des Doktors*, der nur zwei Jahre nach dem *Dresdener Altar* entsteht. Siehe: Klemm, *Bildphysiologie*, S. 242ff.

delt, ist das Problem der Lektüre virulent: Bläst uns nicht ein Dämon weltliche Gedanken und Phantasmen ein, während wir in dem Buch blättern? Verwandeln sich die Schlingen der Schrift nicht in dämonische Fallstricke? Wie in Dürers berühmtem Kupferstich *Traum des Doktors* (1498) wird das physiologische Modell, das der *Malleus* ausbuchstabiert, graphisch illustriert.[256] Die Dämonen erzeugen innere Versuchungen, indem sie durch das Medium der Luft auf unsere inneren Sinne einwirken. Diese Verinnerlichung wird vielleicht von einem späten Kupferstich Dürers (1519), der den hl. Antonius vor den Toren einer Stadt zeigt, auf die Spitze getrieben (Abb. 37).[257] Hier schwinden die Phantasmen von der Bildfläche: Antonius wird zum Leser *par excellence* und nur der gekreuzigte Christus an der Spitze des Eremitenstabs, der wie eine Standarte aufgepflanzt ist, deutet an, dass Antonius möglicherweise gerade eine innere Versuchung durchlebt. Das Dämonische, das in so vielen Darstellungen des Heiligen im Vordergrund steht, zieht sich nun ins Innenleben zurück. Das »traumwerck« befindet sich im Kopf der Lesenden und Betrachtenden und verschwindet aus dem Sichtfeld des Bildes.

---

[256] Vgl. Klemm, *Bildphysiologie*, S. 254.

[257] Vgl. Rainer Schoch, Matthias Mende u. Anna Scherbaum (Hg.), *Albrecht Dürer. Das druckgraphische Werk*, München 2001, Bd. 1, S. 214f.

Der Künstler Lucas Cranach d. Ä., der in die Hexenverfolgungen in Wittenberg verstrickt war,[258] wählte wiederum eine andere Strategie, um die Verinnerlichung der Versuchungen darzustellen. Auf einem seiner Gemälde (1520-1425) zeigt er, wie Antonius in der Luft von zoomorphen Dämonen gepeinigt wird, ein Motiv, das er bereits in einem früheren Holzschnitt (1505) behandelte und das sich eindeutig an Schongauers Kupferstich orientiert. Anders als Schongauer, bei dem nur am unteren rechten Rand ein Felszack eine Landschaft andeutet, bettet Cranach in seinem Gemälde – wie in der früheren Graphik – den Heiligen in eine Landschaft ein.[259] Auf dem Gemälde integriert er die Szene der Peinigung in eine Gebetszene, wodurch er im Unterschied zu Schongauer die Innerlichkeit der Versuchungen markiert: Antonius, der vor einem Kruzifix ins Gebet versunken ist, schwebt in verkleinerter Gestalt über seinem eigenen Kopf in den Himmel (Abb. 38).[260] Cranach nimmt Athanasius' Bemerkung, dass Antonius sich selbst »wie von außen« (*hōsper éxōthen*) sah, beim Wort. Die dämonische Entrückung

---

[258] Lucas Cranach d. Ä. war Bürgermeister von Wittenberg, als dort 1540 mehrere Hexen hingerichtet wurden. Sein Sohn, Lucas Cranach d. J., fertigte einen Holzschnitt an, der die brutale Hinrichtung von vier Opfern zeigt. Hierzu: Willi Winkler, *Luther. Ein deutscher Rebell*, Berlin 2016, S. 525-528.

[259] Vgl. Uhrig, *Die Versuchungen des Heiligen Antonius*, S. 59ff.

[260] Siehe den Katalog: Westheider u. Philipp (Hg.) *Schrecken und Lust*, S. 96f.

Abb. 36: Albrecht Dürer, Randzeichnung für das Gebetsbuch Kaiser Maximilians, fol. 24v.

Abb. 37: Albrecht Dürer, *Hl. Antonius vor der Stadt*.

METROPOLITAN MUSEUM OF ART, NEW YORK.

scheint jedoch das Gebet des Heiligen nicht mehr wie bei Athanasius zu unterbrechen. Gebet und Entrückung werden simultan und diese Gleichzeitigkeit öffnet die Möglichkeit, dass die Phantasmen der Dämonen ein notweniges Nebenprodukt des Gebets darstellen. Sie präsentieren sich selbst als die Verbildlichung eines inneren geistigen Dramas.

Abschließend soll ein weiteres Szenario der Verinnerlichung an einem späten Beispiel, an einem der letzten Ausläufer der niederländischen Bosch-Nachfolge, gezeigt werden. Diese Tradition, die von Malern wie Cornelis Saftleven, David Teniers d. J. oder David Ryckaert d. J. bis Ende des 17. Jhd.s gepflegt wurde, löst die Versuchungen des Antonius langsam aus ihrem religiösen Kontext. Auf einem Gemälde von Joos van Craesbeeck (um 1645) rückt im Zuge dieser Entwicklung der künstlerische Schaffensprozess selbst in den Vordergrund: Der lesende Antonius wird in Anlehnung an eine Zeichnung von Pieter Brueghel d. Ä. von einem schwimmenden Kopf, der wie ein Schiffswrack am Ufer strandet, an den rechten Bildrand gedrängt (Abb. 39).[261] Der Kopf, der in der mittelalterlichen Tradition des Höllenschlundes steht und aus dessen Mund und Stirn Phantasmen quellen, die teilweise von Bosch entlehnt sind, drückt nicht nur den Schrecken der Hölle aus. Da es sich bei ihm höchstwahrscheinlich um ein Porträt des Künstlers handelt und da wir in seinem

261 Vgl. ebd., S. 129-131.

aufgeklappten Schädel einen kleinen Maler vor einer Staffelei erblicken, verortet er auf ironische Weise den Ursprung der Dämonen im künstlerischen Subjekt selbst.[262] Das Heil wird zu einer künstlichen Randerscheinung und der Gekreuzigte wird auf ein Zeichenblatt verbannt, das auf dem hohlen Baum im Rücken des Heiligen, aus dem ein Teufel hervorschaut, gepinnt ist. Das spirituelle Drama des Antonius wird vom Drama der künstlerischen Produktion überblendet, wodurch die Phantasmen zu Kopfgeburten des Künstlers werden.[263] Das heißt freilich nicht, dass diesem Bilde jegliche moralisch-religiöse Dimension abzusprechen ist, zeigt aber deutlich, dass das neuzeitliche physiologische Modell von der Ebene der Dämonologie auf die der Poetologie übertragen wird.

Obwohl bereits in den ältesten hagiographischen Quellen und Theorien von inneren Versuchungen die Rede ist, wird die Verinnerlichung der Dämonen im Rahmen der bildnerischen Darstellung der Antonius-Versuchungen erst spät ausdrücklich thematisiert. In der deutschen Kunst nach Schongauer und Grünewald verlieren die Phantasmen ihre Konturen und werden wolkenhaft; oder das Subjekt, der Heilige, der Künstler und ihre dämonischen Gegenspieler, werden verdoppelt, um in dieser Verdoppelung den Ursprung der Phantasmen ins Bild zu

---

262 Vgl. Eva-Marie Froitzheim, »Die ›Versuchungen des Heiligen Antonius‹ von Joos van Craesbeeck«, in: *Jahrbuch der staatlichen Sammlungen in Baden-Württemberg*, 24 (1988), S. 85-107, S. 97ff.
263 Vgl. Koerner, *Bosch & Bruegel*, S. 264-266.

Abb. 38: Lucas Cranach d. Ä., *Der hl. Antonius als Eremit.*
DIÖZESANMUSEUM BISKUPSTVÍ LITOMĚŘICKÉ.

Abb. 39: Joos van Craesbeeck, *Die Versuchungen des hl. Antonius.*
STAATLICHE KUNSTHALLE KARLSRUHE.

holen. Dieser Ursprung wird entweder in einer physiologischen Beeinflussung der Imagination oder aber in einer Geste des Lesens oder Betens verortet. In beiden Fällen braucht es keine sichtbaren lesenden Dämonen mehr, um den dämonischen Schriftsinn zu aktivieren. Der Akt des Lesens wird von innen unterminiert. Die Versuchungen entstehen nicht im Dialog mit teuflischen Lesern, sondern im Kopf der Lesenden, der nun zum Schauplatz dämonischer Einflüsse und Sinnerlebnisse wird. Das führt noch zu keiner Psychologisierung des Dämonischen im modernen Sinn, dämpft aber die unmittelbare körperliche Präsenz und Wucht ihrer Phantasmen. Athanasius' *phantasíai*, die sich im Wesentlichen *draußen* abspielen, nähern sich unserem subjektiven Phantasiebegriff.[264]

---

[264] Wenn man mit Gendolla von einer Entstehung innerer Bilder am Beispiel der Versuchungen des Antonius sprechen will, würde ich diese Entstehung erst im 16. und 17. Jhd. datieren. Bosch würde also nicht, wie Gendolla meint, innere Bilder veräußerlichen, sondern noch diesseits einer definitiven Dichotomie von Innen- und Außenwelt stehen. Vgl. Gendolla, *Phantasien der Askese*, S. 10f.

Reformation der Schrift

Die Verinnerlichung der Versuchungen, die sich bei Dürer oder Cranach vollzieht, lässt sich als eine Reaktion auf die zunehmende Individualisierung der Lektüre verstehen, die im Spätmittelalter einsetzt und mit der Ausbreitung des Buchdrucks und der Reformation an Bedeutung gewinnt. Zur selben Zeit, in der lesende Dämonen ihren Rückzug aus der Antonius-Ikonographie antreten, rückt die Begegnung mit schriftgelehrten Teufeln ins Zentrum von Martin Luthers Denken. Luther hat die Exklusivität der Autorität der Heiligen Schrift, die unter dem reformatorischen Schlagwort der *sola scriptura* firmiert, weder erfunden noch in Reinform vertreten, aber er hat sie auf besonders polemische und politisch wirkmächtige Weise gegen die päpstliche Kirche positioniert.[265] Er hat die Tradition und die Autorität der Kirche geschwächt und die Heilige Schrift zu ihrem eigenen Interpreten (*scriptura sui ipsius interpres*) erklärt.[266] Ausgehend von klaren buchstäblich

---

265 Vgl. Albrecht Beutel, »›Sola scriptura mus sein‹ Begründung und Gebrauch des Schriftprinzips bei Martin Luther«, in: Stefan Alkier (Hg.), *Sola scriptura 1515-2017. Rekonstruktionen – Kritiken – Transformationen – Performanzen*, Tübingen 2019, S. 19-58, S. 33ff.

266 Zur Entstehung dieser Formel: Volker Leppin, »Wie legt sich nach Luther die Schrift selbst aus? Luthers pneumatische Hermeneutik«, in: Stefan Alkier (Hg.), *Sola scriptura 1515-2017*, S. 83-102, S. 84-89.

lesbaren Stellen des Neuen Testaments wollte er – unter Zuhilfenahme der Werkzeuge humanistischer Philologie – die dunkleren interpretationsbedürftigen Stellen schrittweise erhellen. Seine Bibelübersetzung sollte diesem Zweck dienen und den unmittelbaren Zugang zum Klartext der Schrift wesentlich erweitern.

Die *sola scriptura* bedeutet für Luther in erster Linie eine Rückkehr zum *sensus litteralis*, den er mit Vorliebe als »Hauptsinn« oder »Zungensinn« bezeichnet. In seiner Polemik gegen seinen katholischen Gegenspieler Hieronymus Emser, der später Luthers Übersetzung des Neuen Testaments revidierte, hält der Reformator vehement an der Einheit des biblischen Schriftsinns fest:

> Der heylige Geyst ist der allereinfeltigste Schryber und rether [...], drumb auch seyne wortt nit mehr den eynen einfeltigsten synn haben kunden, wilchen wir den schrifftlichen odder buchstäblichen tzungen synn nennen. Das aber die ding, durch seyne einfeltig wort einfeltiglich bedeuttet, ettwas weyter und ander ding und also ein ding das ander bedeuttet, da seyn die wort aufb und hoeren die tzungen auff. [...] darumb soll man nit sagen, das schrifft oder gottis wort mehr den eynen synn haben.[267]

---

[267] Martin Luther, *Auf das überchristliche usw. Buch Bocks Emsers Antwort* (1521), in: ders, *D. Martin Luthers Werke. Kritische Gesamtausgabe* (Weimarer Ausgabe), Weimar [Graz] 1883-2009, Bd. 7, S. 650. Im Folgenden wird die Weimarer Ausgabe wie üblich als WA abgekürzt. Die Abkürzungen BR und TR beziehen sich auf die Ausgaben der Briefe und Tischreden innerhalb derselben Edition.

Der buchstäbliche Sinn ist »einfältig« wie der Heilige Geist, obschon die Dinge, welche die Worte der Schrift buchstäblich bezeichnen, selbst wieder auf andere Dinge verweisen können, wie schon Augustinus wusste.[268] Die Mehrdeutigkeit wird aus der Schrift verbannt und in die Welt, in den *Dingsinn*, ausgelagert. Damit lehnt Luther den traditionellen vierfachen Schriftsinn und die spiritualistische Exegese eines Origenes ab, lässt aber eine Hintertür für eine paulinisch-augustinische allegorische oder mystische Lesart offen, die auf der Ebene der Mehrdeutigkeit der Geschöpfe operiert. Die *sola scriptura* wird damit zur unmissverständlichen »Reinschrift«, zur *pura scriptura*, wohingegen die Kirche in den Verdacht gerät, diese zu verunreinigen und ihr von außen einen falschen dämonischen Sinn einzuhauchen.[269] Die Begegnung mit der *pura scriptura* ist jedoch nicht völlig unvermittelt, sondern wird von Luthers Rechtfertigungslehre und seinem unbedingten Glauben an Christus getragen. Die *sola*

---

[268] Vgl. Augustinus, *De doctrina christiana*, 2, X 15,33.

[269] Heiko A. Oberman, *Luther. Mensch zwischen Gott und Teufel*, München 1986, S. 181. Luther spricht auch davon, dass die gelehrten Glossen, mit denen die Bibel im Laufe der Jahrhunderte gespickt wurde, den Schriften gleichsam eine »wächserne Nase« aufsetzen, die sich in jede beliebe Richtung (häretisch) drehen und verbiegen lässt. Vgl. Luther, *Disputatio et excusatio F. Martini Luther, etc.* (1519), WA 2, S. 116. Dieses Sprachbild reicht zurück ins Hochmittelalter: Samuel Singer (Hg.), *Thesaurus proverbiorum medii aevi. Lexikon des germanisch-romanischen Mittelalters*, Berlin/Boston 2010, Bd. 8, S. 414f.

scriptura wird von den beiden Schutzformeln des *solus Christus* und der *sola fide* flankiert.[270] Wie wir am Beispiel Cassians gesehen haben, wurde der Traditionalismus nicht zuletzt als Schutzwall gegen lesende und maskierte Dämonen wie überhaupt gegen häretische Lesarten errichtet. Nur im Schutz der Lehre der »Väter« und der Klostermauern, so die konservative Argumentation, sind wir auch vor Versuchungen sicher, die den Anschein der wahren christlichen Lehre haben und gleichsam aus dem Inneren der Schriften selbst zu stammen scheinen. Dass das partielle Heraustreten aus der Tradition, tatsächlich die teuflischen und häretischen Anfechtungen steigert, lässt sich anhand Luthers eigener Teufelslehre und Teufelserfahrung nachweisen.

Der Teufel spielt in Luthers Leben und Denken eine gewaltige Rolle. Wie die berühmte Anekdote vom Tintenfass, mit dem der Teufel nach dem Reformator warf (diese und nicht die umgekehrte Wurfrichtung ist die ältere Ver-

---

270 Der unbedingte Glaube an Christus übernimmt für Luther gleichsam die Funktion der *discretio spirituum*: »Da sich nun Gott teuflisch und der Teufel göttlich verhalten kann, sind für den Menschen – ohne Christus – Gott und Teufel ununterscheidbar. Luther nimmt dem Menschen die Möglichkeit, anhand einer vorgegebenen Tabelle von ›Eigenschaften‹ zu bestimmen, wer Gott und wer der Teufel ist. Luther kennt nur *eine* Möglichkeit, zwischen Gott und dem Teufel zu unterscheiden: Nur im Blick auf Christus treten für den Glaubenden Gott und Teufel auseinander.« Hans-Martin Barth, *Der Teufel und Jesus Christus in der Theologie Martin Luthers*, Göttingen 1967, S. 209.

sion), bestärkt, existierte der Teufel für Luther durchaus buchstäblich und leibhaftig. Luther ist überzeugt, dass der Teufel für Krankheiten, Kriege, schlechtes Wetter und überhaupt für alle physischen und moralischen Übel verantwortlich sein konnte.[271] Entsprechend diesen vielfältigen Wirkungen spricht Luther von unzähligen Spezialteufeln, die in der protestantischen *Teufelsliteratur* des 16. Jhd.s fortlebten.[272] Der Teufel ist für ihn aber nicht einfach ein volkstümliches Schreckgespenst, sondern ein essenzielles Element, das seiner Theologie eine existenzielle Dimension verleiht. Neben den körperlichen Versuchungen äußert sich der Teufel in subtilen geistigen Anfechtungen. Nur weil wir mit dem Teufel um die richtige Deutung der Schriften ringen, wird die Lektüre für Luther zum spirituellen Erlebnis. Ohne die »Practiken und Anfechtungen« und ohne den ständigen Widerspruch des Teufels, heißt es in Luthers posthum herausgegebenen *Tischreden*, könnten wir die Schriften nicht verstehen und wären bloß »spekulativi Theologi« – selbst Paulus wäre nicht so tief in die Schriften vorgedrungen, wenn ihn nicht der Teufel »mit Fäusten« zum Studium der Schriften ge-

---

271 Vgl. Volker Leppin, »›Der alt böse Feind‹. Der Teufel in Martin Luthers Leben und Denken«, in: *Jahrbuch für biblische Theologie*, 26 (2011), S. 291-321.

272 Einen Einblick in diese Literatur bieten: Keith L. Roos, *The Devil in 16th Century German Literature. The Teufelsbücher*, Frankfurt a. M. 1972, insb. S. 14-27; Max Osborn, *Die Teufelliteratur des XVI. Jahrhunderts*, Hildesheim 1893, insb. S. 8-40.

trieben hätte.[273] Aufgrund dieser Überzeugung baut Luther die Anfechtungen des Teufels in seine Theorie der Lektüre ein: Auf das Gebet (*oratio*) folgt die meditative Versenkung in der Schrift (*meditatio*), die schließlich von der teuflischen Versuchung (*tentatio*) gekrönt wird.[274] Die theologische *tentatio*, die uns bei Athanasius, Cassian, Otloh usw. im Rahmen der biblischen Lektüre begegnet ist, bekommt einen systematischen Platz innerhalb der neuen Hinwendung zur Schrift. Während Guigo der Kartäuser, dessen Theorie der *lectio divina* erwähnt wurde, das Gebet ans Ende seiner traditionellen Stufenfolge (*lectio*, *meditatio*, *oratio*, *contemplatio*) rückte, muss Luther, da er das sichere Terrain der monastischen Tradition verlässt, das Gebet aufgrund seiner schützenden Wirkung an den Anfang stellen.[275] Der Schutz der kirchlichen und klösterlichen Tradition wird durch den individuellen

---

[273] Luther, *Tischreden*, WA TR 1, Nr. 352, S. 147. Luther rechnet hier den Papst, die universitären Theologen und Gelehrten, gegen die er in seinen Auslegungen der Schriften kämpfen muss, zu den Anfechtungen des Teufels. Gleichzeitig kritisiert er die »Schwärmer«, die in die Irre gehen, weil sie sich diesen Anfechtungen nicht stellen. Der Widerspruch des »falschen« Schriftverständisses der »Papisten« ist also für Luther gewissermaßen (dialektisch) notwendig, um zum »richtigen« Verständnis vorzudringen.

[274] Hierzu: Carl P. E. Springer, »The Use of *Tentatio*: Satan, Luther, and Theological Maturation«, in: Gregor Thuswaldner u. Daniel Russ (Hg.), *The Hermeneutics of Hell. Visions and Representations of the Devil in World Literature*, Cham 2017, S. 27-46, S. 28.

[275] Vgl. Leppin, »Wie legt sich nach Luther die Schrift selbst aus?«, S. 94f.

Glauben, das *sola fide*, ersetzt, das die *sola scriptura* gegen dämonische Angriffe verteidigen soll.

Doch trotz dieser Schutzmaßnahme fallen die Versuchungen der Schrift, die Luther an seinem eigenen Leib erlebt, ziemlich heftig aus. Luther muss seine Leseerfahrung dramatisieren, damit das existenzielle Pathos der Lektüre die weltliche Pracht und exegetische Macht der päpstlichen Kirche in den Schatten stellt. Um der theologischen Bedeutung, die Luther dem Teufel zuschreibt, gerecht zu werden, muss die theologische Kompetenz des Teufels gesteigert werden. So berichtet Luther 1527 beispielsweise in einem Brief, dass ihm der »Fürst der Dämonen« höchstpersönlich begegnete sei. Der Teufel, schreibt er, erweist sich dermaßen mit der »Macht und Weisheit der Schriften« (*potentia et sapientia Scripturis*) vertraut, dass seine eigene Philologie und Theologie nicht widerstanden hätte, wenn er sich nicht an das objektive »fremde Wort« (*verbum alienium*), das sich gegen die reine Subjektivität sträubt, geklammert hatte.[276] Gerade die Fremd-

---

[276] Vgl. Luther, *Brief an Nikolaus Hausmann* (17. Nov. 1527), WA BR 4, S. 282. Hierzu der Kommentar von Oberman: »Das ›fremde Wort‹ – dieser befremdliche Begriff zielt auf das Zentrum des Konflikts. Das fremde Wort ist das Evangelium, das nicht ›mein eigenes‹ ist, sondern das ›ich mir‹ sagen lassen muss. So, wie der Christ nur im Vertrauen auf die fremde Gerechtigkeit vor Gott bestehen kann, so muss ihm auch die Absolution, das Wort der Vergebung, ›von außen‹ zugesagt werden. [...] Der Teufel, Meister der Subjektivität, lauert im Herzen und im Gewissen. Machtlos ist er aber gegenüber dem fremden Wort.« Oberman, *Luther*, S. 240f.

heit und Äußerlichkeit des schriftlichen Worts, das *verbum alienum* oder *verbum externum*,[277] welche die platonische Schriftkritik als Entfremdung verdammt, wird für Luther zum letzten Schutzbunker des Sinns und der neuen Innerlichkeit. Ohne sie wäre die Theologie des Teufels selbst derjenigen eines Luthers überlegen. An anderer Stelle erklärt Luther sogar, dass der Teufel in die Rolle Christi schlüpfen kann. In seinen *Tischreden* sagt er zum Beispiel:

> [...] ich kenne des Teufels List und behende, tückische Griffe sehr wol, daß er uns nicht allein das Gesetz pflegt einzublasen (daß er uns damit erschrecke und aus kleinen Splitterlin große Balken, das ist aus dem, das wol gar keine oder je eine kleine geringe Sünde ist, eine rechte Hölle mache [...]), sondern er pflegte uns auch die Person Christi, unsers Mittlers, also fürzubilden und sich selber darein zu verstellen, daß wir dafür erschrecken mussen. Denn da ergreift er etwa einen Spruch aus der heiligen Schrift oder ein Dräuwort [Drohwort] Christi, thut unserm Herzen flugs in einem hui und ehe wirs gewahr werden, so einen harten Stoß damit, daß wir alles Licht und Gesichte verlieren und meinen, als sei er selbes der rechte Christus, der uns solche Gedanken eingibt, und ist doch der leibhafte Teufel. Und mit solcher Larve kann er uns wol eine gute lange Zeit aufhalten, damit

---

277 Zum Begriff des *verbum externum*, den Luther auch als Kampfbegriff gegen den sogenannten »Schwärmer« einsetzt, die vorgeblich direkt mit Gott verkehren: Beutel, »‹Sola scriptura mus sein'«, S. 37-40.

> schrecken und jächen [verjagen], und auf dem Sinn und Wahn immerdar bleiben lassen, daß unser Gewissen darauf auch wol tausend Eide schwören dürfte, es wäre der rechte Christus selber, deß Spruch und Wort er führet.[278]

Der Teufel versucht uns nicht nur zu brechen, indem er uns ein schlechtes Gewissen einredet, kleine Sünden aufbläht und auf der Unerbittlichkeit des Gesetzes beharrt, die Luther dem Alten Testament und den Juden vorwirft,[279] sondern auch, indem er die Maske Christi aufsetzt und die Heilige Schrift zitiert. Dadurch gibt der Teufel »unserem Herzen« so »einen harten Stoß«, dass wir »Licht und Gesichte« verlieren und in einen dämonischen »Wahn und Sinn« stürzen. Wir wissen nicht, ob der Teufel Luther hier körperlich erscheint, aber der Stoß gegen das (augustinische) Herz verleiht der geistigen Versuchung zweifellos eine innerliche Stoßrichtung. Während die fleischlichen Versuchungen äußerlich sind, sind die geistigen eher innerlich.

Ein konkretes Beispiel für diese raffinierte Strategie bietet der Auftakt von Luthers Schrift *Von der Winckelmesse und Pfaffen Weyhe* (1533). Darin »beichtet« Luther, dass ihn der Teufel gegen Mitternacht aus dem

---

278 Luther, *Tischreden*, WA TR 6, Nr. 6629, S. 88f.

279 Das ist eine der theologischen Quellen von Luthers Judenfeindlichkeit, die gegen Ende seines Lebens immer heftiger wurde. Zu Luthers Dämonisierung der Juden siehe: Thomas Kaufmann, *Luthers Juden*, Ditzingen 2014, insb. S. 48ff.

Schlaf schreckt, um in seinem »herzten« eine Disputation über die Widerchristlichkeit von »Winkelmessen« (Privatmessen) zu beginnen.[280] Der Teufel führt im Zuge dieser langatmigen Unterredung, die sich im Inneren Luthers Herzen abspielt, zahlreiche Argumente und Belege aus den Evangelien und Paulus-Briefen an und schließt daraus, dass die »Winkelmesse« nicht der Heiligen Schrift und ihrer Sakramentallehre entspricht. Diese Argumentation, die in brisanter Weise Luthers eigener Auffassung gleicht, wird vom Teufel benutzt, um Luther, der als Augustinermönch selbst Privatmessen zelebrierte, in eine Gewissenskrise zu stürzen. Hier zeigt sich die höchste Kunst des Teufels: Er instrumentalisiert noch die richtige (lutherische) Sakramentallehre, damit der große Reformator selbst an seiner eigenen Wahrheit verzweifelt. Die *sola scriptura* wird, sobald die *sola fide* schwächelt, zur Gewissenfalle.[281]

Luther ahnt freilich selbst, dass seine »Beichte« von den »heiligen Papisten« gegen ihn benutzt werden wird.[282] Tatsächlich blendet die gegenreformatorische Polemik die subtile Gewissensdimension der teuflischen Disputation gezielt aus, um Luthers Lehre als teuflische Einflüsterung

---

280 Vgl. Luther, *Von der Winckelmesse und Pfaffen Weyhe* (1533), WA 36, S. 197ff.

281 Ausführlich zu den »theologischen« Kniffen des Teufels, der das Gewissen angreift und aus dem Evangelium ein Gesetz machen will: Barth, *Der Teufel und Jesus Christus*, S. 137-144.

282 Vgl. Luther, *Von der Winckelmesse*, WA 36, S. 204.

zu diskreditieren. Der lothringische Jesuit und Kirchenhistoriker Nikolaus Serarius verfasst ausgehend von Luthers Schrift über die »Winkelmesse« eine mehrere hundert Seiten lange Abhandlung *De Lutheri magistro* (1604), in der er im Detail nachweisen will, welche ketzerische Lehre der Teufel dem Reformator einflößte. Ein faltbarer Kupferstich, der sich in der Ausgabe befindet, veranschaulicht Serarius' Polemik: Luther setzt sich nachts in seinem Bett auf, um mit Satan über die Schriften zu diskutieren (Abb. 40).[283] Satan weist auf das Buch, in dem geschrieben steht: *scriptum est*; er argumentiert buchstäblich aus der Heiligen Schrift. Im Hintergrund findet sich in einem Rahmen der exakte Quellennachweis, der auf die lateinische Ausgabe *Von der Winckelmesse* verweist, und unter dem Bild ist zu lesen, dass Satan Luther die heiligen Dokumente des Glaubens aus der Hölle überbrachte. Auf der Kiste vor dem Bett steht: »Des bösen Meisters böser Schüler« – was den Titel des Werks *De Lutheri magistro* erklärt. Auch andere Katholiken missbrauchen dieselbe Szene in Spottgedichten und Predigten, um Luther zu verteufeln. Doch Serarius beharrt im Unterschied zu anderen Spöttern[284] auf den exegetischen und theologischen

283 Vgl. Nikolaus Serarius, *De Lutheri magistro, uti digito possis mostrari et dicier, hic est ad Lutheranos praedicantes* etc., Mainz 1604, S. 323f. Das ganze Buch findet sich online: https://digitale.bibliothek.uni-halle.de/urn/urn:nbn:de:gbv:3:1-39480 [09.06.2022].

284 So verspottet beispielsweise der Jesuit Angelin Gazet in seinen *Pia hilaria* (1617) Luthers Begegnung mit dem Teufel auf deftige Weise,

Kenntnissen des Teufels. Das *scriptum est* im aufgeschlagenen Buch innerhalb des Kupferstichs macht aus dem lutherschen Beharren auf der *sola scriptura* eine teuflische Errungenschaft.

Luther und seine Anhänger versuchen wiederum die *sola scriptura* zu schützen, indem sie alle alternativen Lesarten verteufeln. Der Teufel steigert nicht nur das existenzielle Pathos und die Dringlichkeit der neuen Leseerfahrung, sondern dient auch zur Erklärung, warum sich Anderslesende und hermeneutische Dissidenten auf dieselben Schriften berufen können. Der Teufel spaltet nach Luther die Christenheit, da er »ynn die heilige Schrifft heymlich schleich und kroch« und »richt« dadurch »ein solch gerumpel in der Schrifft an, und macht viel secten und ketzery und rotten unter den Christen.«[285] Neben den Juden und den Papisten werden auch abweichende Reformatoren und »Schwärmergeister« – radikale Revolutionäre wie Thomas Münzer – verteufelt, die bezichtigt werden, die Schrift entgegen ihrem wahren und genuinen Sinn (*verus et genuinus sensus*) zu gebrauchen.[286] Das dämoni-

---

ohne wirklich auf die theologischen Kompetenzen des Teufels einzugehen. Text und Kommentar in: Thomas Gärtner, »Der Reformator Martin Luther in den *Pia hilaria* des Jesuiten Angelinus Gazaeus«, in: Thomas Baier u. Tobias Dänzer (Hg.), *Plautus in der Frühen Neuzeit*, Tübingen 2020, S. 307-345, S. 326ff.

285 Luther, *Daß diese Wort Christi ›Das ist mein Leib‹ noch fest stehen wider die Schärmgeister* (1527), WA 23, S. 64.

286 »Sic omnes Schwermeri utuntur scriptura contra verum et genuinum eius sensum.« Luther, *Predigten von 1530*, WA 32, S. 158.

sche »gerumpel« kommt von außen in die Schrift. Das erklärt, warum die »feindlichen« Leser und Leserinnen in der protestantischen Polemik häufig als dämonische Tier- und Mischwesen dargestellt werden. Besonders gerne werden die Gegner der Reformation als Tiere dargestellt. Auf einem Flugblatt aus dem 16. Jhd. sehen wir beispielsweise Papst Leo X, der in Anspielung auf seinen Namen mit einem Löwenkopf als Antichrist dargestellt ist, gemeinsam mit mehreren tierköpfigen katholischen Theologen, unter denen auch Hieronymus Emser, in dessen Wappen ein Bock prangt, mit dem Kopf eines Ziegenbocks zu finden ist (Abb. 41).[287]

Auf einem anderen reformatorischen Flugblatt (1576), das in unterschiedlichen Fassungen zirkulierte, imitieren mehrere anthropomorphe Tiergestalten kirchliche Rituale. Der Holzdruck, der wahrscheinlich von Tobias Stimmer stammt, greift groteske mittelalterliche Motive auf, welche einst die Kapitelle des Straßburger Münsters zierten, und deutet sie als vorreformatorischen Angriff auf den kirchlichen Missbrauch des Christentums – als Bilder der »Römischen Abgotdienste«, wie es im Titel des Blattes heißt. Ein Bär mit Weihwasserkessel, ein Wolf mit einem Kreuz und ein Hase mit einer Kerze führen eine Prozession an, in der ein Schwein und ein Ziegenbock einen Fuchs wie eine Monstranz tragen; darunter

---

287 Vgl. Hanns Lilje, *Martin Luther. Eine Bildmonographie*, Hamburg 1964, S. 193.

Abb. 40: Nikolaus Serarius, *De Lutheri magistro*, *uti digito possis mostrari et dicier, hic est ad Lutheranos praedicantes* etc., Mainz 1604, S. 323f.

Abb. 41: Anonyme Satire auf Luthers Gegner
(Murner, Emser, Papst Leo, Eck und Lemp).

Abb. 42: Detail: Tobias Stimmer, *Abzaichnus etlicher wolbedenklicher Bilder vom Römischen Abgotsdinst.*

beugen sich zwei Esel – der eine vor einem Altar, der andere benutzt eine Katze als Lesepult – über heilige Bücher (Abb. 42).[288] Die Lesenden werden zum Vieh, die Messe zur *parodia sacra.* Welche Bedeutung die Grotesken ursprünglich hatten, ist nicht gewiss. Stimmer bzw. Johann Fischart, von dem die versifizierte Bilderklärung stammt, nutzen jedenfalls die Motive, um ihre zeitgenössische protestantische Kritik der katholischen Kirche in die mittelalterliche Vergangenheit zu projizieren und um ihr eine historische Legitimität zu verleihen.[289] Die Katholiken revanchierten sich und adaptierten wenige Jahre später Stimmers Holzschnitt für ein eigenes Flugblatt (1588), auf dem der Franziskaner Johannes Nas die tierischen Gestalten als prophetische Antizipation der Reformation interpretiert.[290] Das Buch, in dem der Esel liest, wird hierbei mit dem Augsburger Bekenntnis identifiziert, der Fuchs auf der Bahre mit der angeblich lethargischen Wirkung des *sola fide* verglichen.[291] Auf anderen Druckgraphiken sehen wir, um nur wenige weitere Beispiele zu nennen, dass Dämonen Luther (wie bei Dürer) mit einem Blasbalg Gedanken einflößen, dass der lesende Luther wie eine Hydra sieben dämonische Köpfe hat, dass der Teufel Mön-

---

[288] Abbildung und Kommentar in: Wolfgang Harms (Hg.), *Deutsche illustrierte Flugblätter des 16. u. 17. Jahrhunderts*, Tübingen 1997, Bd. 7, S. 165f.

[289] Vgl. Koerner, *Die Reformation des Bildes*, S. 74f.

[290] Siehe: Harms (Hg.), *Deutsche illustrierte Flugblätter des 16. u. 17. Jahrhunderts*, Bd. 2, S. 45f.

[291] Koerner, *Die Reformation des Bildes*, S. 76.

che scheißt,[292] oder, dass Dämonen mit katholischen Attributen das Licht des göttlichen Wortes auszulöschen streben.[293] Solche Polemiken zwischen Reformatoren und Gegenreformatoren schaukeln sich auf und dämonisieren die jeweils gegnerische Leserschaft. Das Dämonische erscheint nun weniger als Produkt der Lektüre, das durch eine physische oder physiologische Intervention entsteht, sondern eher als Ausdruck der natürlichen Physiognomie der feindlichen Partei. Die dämonische Erfahrung, die noch für Luther ein notweniges Moment jeder spirituellen Lektüre war, wird exorziert und pathologisiert. Die Reinheit der *pura scriptura* wird auf beiden Seiten um den Preis einer Dämonisierung des Menschen wie einer Anthropologisierung des Dämonischen erkauft.[294]

---

292 Abbildungen in: Gisela Bucher, »Le diable dans les polémiques confessionelles«, in: Wirth u. Rodari (Hg.), *Diables et diableries,* S. 39-53. Zu dem berühmten Holzschnitt der Luther als »Siebenkopf« darstellte und der Hans Brosamer zugeschrieben wird, siehe den Kommentar von Koerner: »Die sieben Köpfe – ein Doktor, ein Heiliger, ein Ungläubiger, ein Priester, ein Fanatiker, ein Kirchensupervisor und Barrabas – visualisieren sowohl Luthers Täuschungsmanöver als auch die Irrigkeit seines Glaubens an das Prinzip des *sola scriptura.* Luther liest zwar in einem einzigen Buch [...], aber seine Ansichten sind so vielfältig wie seine Köpfe.« Koerner, *Die Reformation des Bildes*, S. 155.

293 Vgl. Harms (Hg.), *Deutsche illustrierte Flugblätter des 16. u. 17. Jahrhunderts*, Bd. 2, S. 6f.

294 Ein solcher Prozess der Anthropologisierung lässt sich auch in der Entwicklung der Teufelsdarstellungen verfolgen, die im 15. und 16. Jhd. zunehmend vermenschlicht werden. Hierzu: Daniel Arasse, *Bildnisse des Teufels*, übs. v. G. H. H., Berlin 2021, insb. S. 46-60.

Moderner Lesewahn

Obwohl das Problem der Lektüre im Zeitalter der Reformation und des Buchdruckes drängender wird, verschwinden die lesenden Dämonen im Laufe des 16. Jhd.s weitgehend aus der Antonius-Ikonographie. Nur in der Bosch-Tradition, die sich noch ein weiteres Jahrhundert hält (noch Callot und Burnacini gelten als deren Ausläufer), tritt das Motiv vereinzelt auf. Diese ikonographische Entwicklung lässt sich auf mehrere Faktoren zurückführen: Generell entzieht der schleichende Niedergang der Antoniter, der Ende des 15. und Anfang des 16. Jhd.s begann,[295] der Antonius-Verehrung eine wichtige soziale, spirituelle und finanzielle Grundlage. Dann drängt die Ausbreitung der Reformation Antonius in den Hintergrund. Luther lobt den Heiligen zwar für seine Glaubensstärke, verwirft aber seine asketische Lebensform, da sie im scharfen Widerspruch zur reformatorischen Weltzugewandheit steht. Letztlich gilt der Rückzug in die Wüste für die Reformation als feige Weltflucht.[296] Weiter führt der posttridentinische Fokus auf das Zölibat dazu, dass

295 Vgl. Adalbert Mischlewski, »Soziale Aspekte der spätmittelalterlichen Antoniusverehrung«, in: Klaus Schreiner (Hg.), *Laienfrömmigkeit im späten Mittelalter*, München 1992, S. 137-156, S. 148f.

296 Für Luther ist Antonius' Weg in die Wüste letztlich weniger heroisch als das alltägliche Familienleben: Gemeinhardt, *Antonius*, 168.

die fleischlichen Versuchungen in der Kunst der Gegenreformation – insbesondere in der italienischen Malerei – die subtileren geistlichen Versuchungen von der Bildfläche verdrängen.[297] Die Versuchungen des Antonius werden zunehmend sexualisiert. Das zeichnet sich auch in der Bosch-Nachfolge ab, welche die Versucherinnen mehr und mehr aus ihrem theologischen Kontext löst. Überhaupt zerstören die späten Bosch-Epigonen weitgehend den monastisch-religiösen Kontext und die Versuchungen werden, wie gezeigt, zum Vorwand, die eigene künstlerische Virtuosität zu reflektieren (etwa bei Craesbeeck). Als diese Tradition Ende des 17. Jhd.s ausklingt, wird das weitgehende Verschwinden der lesenden Dämonen aus den bildenden Künsten besiegelt. Darüber hinaus fanden wir schon in der deutschen Kunst des 16. Jhd.s (Dürer, Cranach) eine erste Verinnerlichung der Versuchungen des Antonius, welche die lesenden Dämonen überflüssig macht und neue Bildstrategien entwickelt, die dämonische Leseerfahrung zu versinnbildlichen. Schließlich wird im Zuge der konfessionellen Konflikte die dämonische Leseerfahrung von der Dämonisierung des Menschen überschattet. Die lesenden Dämonen verschwinden nicht zuletzt, weil sie von dämonischen Lesern und (seltener) Leserinnen verdrängt werden.[298]

---

[297] Vgl. Minna Hamrin, *Picturing Carnal Temptation and Sin in Post-Tridentine Imagery*, Masterarbeit, Åbo Akademi Universität 2018, S. 13ff.

[298] Oberman bringt Luthers Sicht der Eindeutigkeit der Schrift auf

Diese Dämonisierung der Lektüre wird von der Moderne fortgeführt, in der die Antonius-Ikonographie ein erstaunliches Revival erlebt. Vor dem Hintergrund der Krise des bürgerlichen Individualismus und dem Aufkommen antimoderner katholischer Bestrebungen gewinnen die Versuchungen des Antonius in der zweiten Hälfte des 19. Jhd.s besonders in Frankreich erneut an Brisanz.[299] Das Sujet wurde in künstlerischen Kreisen – in postimpressionistischen, symbolistischen, expressionistischen, surrealistischen – außerordentlich beliebt. Henri-Fantin Latour, Paul Cézanne, Félicien Rops, Odilon Redon, James Ensor, Otto Dix,[300] Max Ernst, Dorothea Tanning, Salvador Dalí, Alfred Kubin und Leonora Carrington widmeten sich u. a. dem Thema.[301] Die Lektüre des Heili-

---

den Punkt: »Dieses Zeugnis ist unzweideutig; zweideutig ist vielmehr der Leser, der nicht objektiv und unbelastet an diesen Text herangeht, eben der Mensch im Widerspruch.« Oberman, *Luther*, S. 230f.

299 Vgl. Ursula Harter, *Die Versuchungen des heiligen Antonius zwischen Religion und Wissenschaft. Flaubert – Moreau – Redon*, Berlin 1998, S. 11-19.

300 Auf einem Gemälde von Dix (1937), das sich im Zeppelin-Museum in Friedrichshafen befindet, sehen wir einen lesenden Dämon: https://digitalesammlung.zeppelin-museum.de/details.php?item=104 [01.04.2022]. Ich verdanke diesen Hinweis auf diesen ikonographisch letzten lesenden Dämon, den ich bisher kenne, Gregor Meinecke.

301 Allgemeinen zur künstlerischen Rezeption von Flauberts *Tentation* im Fin de Siècle: Nancy Davenport, »Between Carnival and Dream. St. Anthony, Gustave Flaubert, and the Arts in Fin de Siècle Europe«, in: *Religion and the Arts*, 6, 3 (2002), S. 291-357, insb. S. 308ff. Die Rezeption der Surrealisten wurde maßgeblich von einem

gen findet aber jetzt, sofern sie überhaupt thematisiert wird, auf einer anderen Ebene statt. Sie wird von einer dämonologischen auf eine psychologische Ebene transferiert. Die Dämonisierung wird zur Psychologisierung, der neuzeitliche »Hexenwahn« vom modernen »Lesewahn« verdrängt. Dies lässt sich am Beispiel von Gustave Flauberts szenischem Roman *La Tentation de saint Antoine* zeigen, der wesentlich für das Wiedererwachen der Antonius-Rezeption in der modernen Literatur und Kunst war.

Die *Tentation*, die Flaubert als sein Lebenswerk verstand und die er im Verlauf von fast dreißig Jahren dreimal umarbeitete (1849, 1856, 1874), bildet den Ausgangspunkt vieler moderner Auseinandersetzungen mit der Thematik. Flaubert widmete sich mit manischer wissenschaftlicher Gelehrsamkeit der Figur des ägyptischen Eremiten und studierte für seine *Tentation* eine Unzahl historischer, geographischer, hagiographischer, theologischer und mythologischer Quellen, die er zu einer intertextuellen Allegorie einer modernen »Götzendämmerung« verwob. Die Häretiker, Götzen, Götter und Phantasmen der Vergangenheit, die der Positivismus und Historismus des 19. Jhd.s in die Bibliotheken verbannte, erheben sich aus dem Staub der Archive, um Antonius auf die Probe zu stellen. Flaubert schöpfte nicht nur aus Tex-

---

malerischen Wettbewerb für eine Filmkulisse beeinflusst: Sabine Maria Schmidt, »Projektion und Phantasma. Max Ernsts *Versuchungen des heiligen Antonius* im Kontext seiner Entstehungsgeschichte«, in: Westheider u. Philipp (Hg.) *Schrecken und Lust*, S. 52-61.

ten, sondern verarbeitete unzählige mythologische Bilder, die er religionswissenschaftlichen Fachbüchern entnimmt.[302] Darüber hinaus lässt er sich maßgeblich von einem Marionettentheater und der traditionellen Antonius-Ikonographie inspirieren. Den Anstoß für seinen szenischen Roman, der die Versuchungen des Heiligen in sieben bühnenbildartigen Tableaux schildert, gab ein Gemälde aus der Bosch-Nachfolge, das früher Pieter Brueghel d. J. zugeschrieben wurde und das Flaubert 1845 in Genua sah. Außerdem war der Romancier von einem Stich von Jacques Callot (1645) (nicht der bereits besprochenen Version) fasziniert, von dem er einen Abzug erwarb, der ab 1846 über seinen Arbeitstisch hing. Beide Bilder, welche die Dramaturgie des Romans beeinflussten, sind Wimmelbilder, in denen die Gestalt des Antonius vom Gewimmel dämonischer Wesen überwuchert wird. Flaubert versucht einen ähnlichen Effekt zu erzielen, indem er den Leser mit einer unüberschaubaren Fülle von Figuren, Ideen und ekphratischer Details überflutet.[303] Die *Tentation* lässt sich als ein Versuch verstehen, die vi-

[302] Zu Flauberts Quellen siehe die Arbeiten: Jean Seznec, »Saint Antoine et les monstres. Essai sur les sources et de la signification du fantastique du Flaubert«, in: *Publications of the Modern Language Association*, Vol. 51, No. 1 (1943), S. 195-222. Flaubert verarbeitete in der *Tentation* auch ein Monster, das der Sohn von George Sand zeichnete: Jean Seznec, »Flaubert and the Graphic Arts«, in: *Journal of the Warburg and Courtauld Institutes*, Vol. 8 (1948), S. 175-190, S. 188.

[303] Vgl. Harter, *Die Versuchungen des heiligen Antonius*, S. 37.

suellen Phantasmagorien der bildenden Künste in einen Text zu übertragen. Das Phantastische und Dämonische haust nicht allein zwischen »dem Buch und der Lampe« und im »Zwischenraum der Texte«; es ist kein reines »Bibliotheksphänomen«[304], sondern entsteht aus einer permanenten Begegnung zwischen Bildern und Texten.[305]

Es ist darum bedeutsam, dass wir im Vordergrund des erwähnten, vorgeblichen Brueghel-Gemäldes wie auf Callots Stich Leseszenen entdecken. So wie Flauberts Text Bildbetrachtungen beschwört, beschwören beide Bilder die Lektüre von Texten: Auf dem ersten kniet der Heilige als *versunkener Leser*, der von nackten Versucherinnen umringt wird, vor einem Kreuz und einem aufgeschlagenen Buch, währenddessen im Mittelgrund eine teuflische Prozession durch eine brennende und rauchende Landschaft zieht (Abb. 43).[306] Auf dem zweiten erblicken wir im rechten unteren Eck zwei lesende Dämonen, die gegenüber der Höhle stehen, vor deren Eingang der Heilige brutal gepeinigt wird, während sich über der Höhle singende

304 Vgl. Michel Foucault, »Nachwort«, in: Gustave Flaubert, *Die Versuchungen des heiligen Antonius*, übs. v. Barbara u. Robert Picht, Frankfurt a. M. 1966, S. 217-251, S. 222.

305 Hierfür argumentiert auch: Anita Traninger, »›Messieurs les démons, laissez-moi donc!‹ Das Sichtbare und das Sagbare in Flauberts *Tentation de saint Antoine*«, in: *Romanistisches Jahrbuch*, 69 (2018), S. 198-224, isb. S. 202-205.

306 Ausführlicher zu diesem Bild: Farida Simonetti u. Gianluca Zanelli (Hg.), *Le tentazioni di sant'Antonio Abate. Arte e letteratura*, Mailand 2018, S. 53ff.

und musizierende Dämonen sammeln (Abb. 44).[307] Im Unterschied zu den beiden früheren Fassungen greift Flaubert das Motiv der Leseszene in seiner publizierten Version von 1874 auf und stellt damit den Leseakt ins Zentrum seiner Phantasmagorie:[308] Schon im allerersten Absatz ist die Rede von einem dicken Buch auf einem hölzernen Lesepult (*sur une stèle debois, un gros livre*), das in der Mitte der Hütte des Eremiten steht.[309] Nachdem Antonius, der seiner Askese langsam überdrüssig wird, sein Leben Revue passieren ließ, beginnt er schließlich beim Schein der Fackel in der Bibel zu lesen. Er schlägt das Buch an zufälliger Stelle auf oder lässt den Wind in den Seiten blättern. Im Zuge seiner aleatorischen Lektüre stößt er auf fünf scheinbar zusammenhangslose Bibelstellen. Jedes Zitat weckt im Protagonisten eine Versuchung, wobei er die Textfragmente aus ihrem Kontext löst und durch die Brille seiner eigenen Begierden liest. Die Konzentration auf Gott verwandelt sich in ihr Gegenteil:[310] So liest er in der Apostelgeschichte, wie Pet-

---

307 Siehe den Katalog: Westheider u. Philipp (Hg.) *Schrecken und Lust*, S. 195.

308 Vgl. Sabine Narr, *Die Legende als Kunstform. Victor Hugo, Gustave Flaubert, Emile Zola*, Paderborn 2010, S. 227f.

309 Vgl. Gustave Flaubert, *La Tentation de saint Antoine*, hg. v. Gothot-Mersch, Paris 1983, S. 51. Über einen möglichen exegetischen Zusammenhang dieser scheinbar zufälligen Passagen: Mary Orr, *Flaubert's Tentation. Remapping Nineteenth-Century French Histories of Religion and Sience*, Oxford 2008, S. 69ff.

310 Hierzu Gendolla: »Gleich welche Stelle [der Bibel] Antonius auf-

rus in einer Vision von Gott den Befehl bekommt, unreine Tiere, die in einem Kessel, der wie ein Leintuch aus dem Himmel herabgesenkt wird, zu schlachten und zu essen (Apg 10,11). Die Passage weckt seine Lust auf Fleisch. Als Antonius im Alten Testament liest, wie die Israeliten ihre Feinde niedermetzeln (Est 9,5), wie Nebukadnezar vor dem Propheten Daniel im Staub kriecht (Dan 2,46f) oder welche Reichtümer Hiskija, der König von Juda, besaß (2 Kön 20, 13), überkommen den Asketen nacheinander Affekte des Blutdursts, des Größenwahns und der Habgier. Zuletzt stößt er auf die Stelle, in der die legendäre Königin von Saba König Salomon durch ein Rätsel verführen will (1 Kön 10,2), woraufhin er sich danach sehnt, die Geheimnisse der Magie zu kennen.[311] Auf solche Weise werden die biblischen Zitate zu Stimuli und Spiegeln von Antonius' eigenen Wunschphantasien.[312]

Nach dieser Lektüre beginnt Antonius im flackernden Licht der Fackel im »Lichtspiel« (*jeu de lumière*) der Schatten der Requisiten, die ihn umgeben, Phantasmen zu erkennen: Der Schatten des Kreuzes, das vor seiner Hütte steht, verwandelt sich in die Hörner eines Teufels, der Wind, der in einer Felsspalte heult, wird zu einem Konzert verführerischer Stimmen, die windgepeitschte Palme wird

---

schlägt, die Schrift entzündet seine Phantasie, die Konzentration auf Gott wird aus dessen eigenem Buch heraus in ihr Gegenteil verkehrt.« Gendolla, *Phantasien der Askese*, S. 125.

311 Vgl. Flaubert, *La Tentation de saint Antoine*, S. 57ff.

312 Vgl. Gendolla, *Phantasien der Askese*, S. 122ff.

zu einem Frauentorso mit wehenden Haaren und die mit schwarzen Buchstaben bedeckten Seiten des aufgeschlagenen Buchs verwandeln sich in einen Busch voller Schwalben (*un arbuste tout couvert d'hirondelles*).[313] Die Lektüre sprengt den Rahmen des Buchs; die Buchstaben verwandeln sich und die Welt in lebendige Phantasmen, welche die unmittelbaren Ängste und Begierden des Heiligen schüren. Die Projektionsfläche der Schrift wird um den Raum ambivalenter Wahrnehmungen erweitert. Antonius löscht die Fackel, um das trügerische Grenzgebiet zwischen Sinneswahrnehmung und Vorstellung zu verlassen, aber er stürzt im Dunkeln endgültig ins Grenzenlose. Der letzte Absatz vom ersten Tableau ist eine Regieanweisung für innere Phantasmagorien, welche die Leserinnen und Leser in ihren Köpfen aufführen sollen:

> Und plötzlich ziehen eine Wasserlache, eine Prostituierte, eine Tempelecke, eine Soldatengestalt, ein Wagen mit zwei sich bäumenden Schimmeln durch die Luft.
> Die Bilder kommen plötzlich, stoßweise, heben sich aus der Nacht wie Scharlachgemälde auf Ebenholz.
> Sie werden schneller, ziehen in schwindelerregender Folge vorüber. Dann wieder halten sie inne, verblassen allmählich, zergehen; oder sie verfliegen, und sofort folgen neue.
> Antonius schließt die Augen.
> Sie häufen sich, umkreisen, bedrängen ihn. Er wird von unsagbarem Entsetzen geschüttelt; und er spürt nur noch, wie

[313] Vgl. Flaubert, *La Tentation de saint Antoine*, S. 63f.

Abb. 43: Detail: Pieter Brueghel d. J. (früher zugeschrieben), *Versuchungen des hl. Antonius.*
PALAZZO SPINOLA, GENUA.

Abb. 44: Detail: Jacques Callot, *Versuchungen des hl. Antonius* (zweite Version).

CLEVELAND MUSEUM OF ART, OHIO.

> sich sein Herz brennend zusammenzieht. Trotz des Getöses in seinem Kopf wird ihm bewusst, dass ihn ein ungeheures Schweigen von der Welt trennt. Er will sprechen, unmöglich! Es ist, als löse sich der Kern seines Wesens; sein Widerstand zerbricht; er stürzt auf die Matte.[314]

Die ersten Bilder (*images*), die Antonius bedrängen, lassen sich noch als Wolkenbilder, als Phänomene an der Schwelle von Phantasie und Wahrnehmungen, lesen. Sobald Antonius jedoch die Augen schließt, verdichten sich die Bilder und werden hartnäckiger. Der Heilige weiß, dass der »Höllenlärm« nur in seinem »Kopf« existiert (*le vacarme de sa tête*), doch eben dieser letzte klare Gedanke raubt ihm endgültig die Sprache und schneidet ihn von der Außenwelt ab.

---

314 Ebd., S. 64: »Et, tout à coup, passent au milieu de l'air, d'abord une flaque d'eau, ensuite une prostituée, le coin d'un temple, une figure de soldat, un char avec deux chevaux blancs, que se cabrent. | Ces images arrivent brusquement, par secousses, se détachant sur la nuit comme des peintures d'écarlate sur de l'ébène. | Leur mouvement s'accélère. Elles défilent d'une façon vertigineuse. D'autres fois, elles s'arrêtent et pâlissent par degrés, se fondent; ou bien, elles s'envolent, et immédiatement d'autres arrivent. | Antoine ferme ses paupières. | Elles se multiplient, l'entourent, l'assiègent. Une épouvante indicible l'envahit; et il ne sent plus rien qu'une contraction brûlante à l'épigastre. Malgré le vacarme de sa tête, il perçoit un silence énorme qui le sépare du monde. Il tâche de parler; impossible! C'est comme si le lien general de son être se dissolvait; et, ne résistant plus, Antoine tombe sur la natte.« Ich adaptiere die dt. Übs. von Barbara und Robert Picht (Frankfurt a. M. 1966).

Antonius ist in seiner Innenwelt gefangen, aus der im zweiten Tableau halluzinatorische Szenen hervorgehen, welche die Bibelzitate seiner Lektüre auf traumhafte Weise verarbeiten:[315] Antonius weidet sich am Überfluss exotischer Speisen, suhlt sich in Gold und Edelsteinen, mordet seine Feinde (die Arianer), verwandelt sich in Nebukadnezar und begegnet schließlich der orientalischen Königin von Saba, die ihn mit ihrem Luxus, ihrem Wissen und ihrer Erotik umgarnt.[316] Die Texte, Zitate, bilden ein Außerhalb, das in das Innere des lesenden Heiligen hinabsinkt, um in verwandelter Form wieder an die Oberfläche des Textes aufzusteigen. Dazwischen liegt ein »ungeheures Schweigen« (*un silence énorme*), eine Zone der absoluten Subjektivität, die das Ich zu zerstören droht. Denn ohne die Äußerlichkeit des Wortes (Luther würde vom *verbum externum* sprechen) würde das Ich seine Grenzen verlieren. Das Subjekt versucht, das unerträgliche Schweigen, das es von der Welt trennt, durch das Geplapper seiner eigenen Begierden und Ängste auszufüllen und zu veräußerlichen. Dabei verstrickt es sich immer tiefer in einem Text, dessen assoziative Ketten von Zeichen den Bezug zur au-

---

315 Hierzu die Bemerkung des Freud-Schülers Reik: »Denn alle diese Stellen, welche Antonius jetzt liest, und die sich anschließenden Gedanken liefern das Material seiner Visionen; sie sind rezente Traumquellen.« Theodor Reik, *Flaubert und seine ›Versuchungen des heiligen Antonius‹. Ein Beitrag zur Künstlerpsychologie*, Minden 1912, S. 7.

316 Vgl. Flaubert, *La Tentation de saint Antoine*, S. 66ff.

ßertextuellen Wirklichkeit verzögern. Der Text setzt das Schweigen gleichsam fort, womit Flaubert in seiner *Tentation* seinem berüchtigten poetologischen Ideal, ein »Buch über nichts, ein Buch ohne äußere Bindungen« (*un livre sur rien, un livre sans attache extérieure*)[317] zu schreiben, so nahe kommt wie noch nie. Die Psychologie der Romanfigur, die fremde Texte und Bilder aufsaugt und entleert, beschreibt zugleich Flauberts eigene Poetologie.[318]

Trotz dieser Psychologisierung und Poetologisierung der Phantasmen finden wir in der *Tentation* in der Gestalt des Hilarion einen Reflex des dämonischen Schriftsinns. Hilarion, ein ehemaliger Schüler des Antonius, dessen legendäreres Leben von Hieronymus beschrieben wurde, wird bei Flaubert zu einem Kommentator, der Antonius durch die Wimmelbilder seiner Phantasmen führt. Hilarion, der sich später als Satan und Personifikation der Wissenschaft entpuppt, taucht erstmals im dritten Tableau auf, wo er Antonius in theologische Gespräche verwickelt. Der dämonische Schüler sät Zweifel, indem er das Leben und die Lehre von Antonius' eigenem Autor, Athanasius, kritisiert. Er wirft Antonius vor, dass er sich

317 Flaubert an Louise Colet, 16. Jänner 1852. Der Brief wird mit Bezug auf Flauberts *Tentation* zitiert in: Harter, *Die Versuchungen des heiligen Antonius*, S. 39.

318 Richard vergleicht Flauberts Schreibweise mit dem Antonius-Schwein, das in der ersten Version der *Tentation* als manischer Allesfresser auftaucht. Vgl. Jean-Pierre Richard, »La création de la forme chez Flaubert«, in: ders., *Littérature et sensation*, Paris, S. 119-219.

an seiner eigenen Phantasie (*imagination*) an allen Dingen berauscht, auf die er bei seinem Rückzug in die Wüste verzichtete. Seine Askese ist nur ein Vorwand für phantastische Exzesse, bloß eine raffiniertere Form seelischer Fäulnis (*une corruption plus subtile*).[319] Sodann weist er darauf hin, dass Antonius' Bitterkeit dem freien Leben Jesu widerspricht. Hilarion ermutigt Antonius die Schriften der Philosophen und Heiden zu studieren und versucht unter Berufung auf Paulus und Origenes die Grundlage der Heiligen Schrift aufzuweichen: »Der heilige Paulus, Origenes und viele andere nahmen sie nicht wörtlich; legt man sie aber allegorisch aus, wird sie zum ausschließlichen Besitz einzelner Weniger, und die Unmittelbarkeit der Wahrheit geht verloren. Was tun?« Antonius kann nur antworten »Sich an die Kirche halten!« und darauf verweisen, dass zumindest das Neue Testament weitgehend Klartext ist.[320] Doch Hilarion entgegnet, dass es Widersprüche zwischen den Schilderungen der unterschiedlichen Evangelien gibt. Später, im fünften Tableau, als Antonius angesichts des Aufmarsches der Götter aller Zeiten erblasst, mahnt Hilarion: »Denke an all die Dinge in der Schrift, an denen du dich stößt, weil du sie nicht verstehst.

---

[319] Vgl. Flaubert, *La Tentation de saint Antoine*, S. 90.

[320] Ebd., S. 94: »Hilarion: Saint Paul, Origène et bien d'autres ne l'entendaient pas littéralement; mais si on l'explique par des allégories, elle devient le partage d'un petit nombre et l'évidence de la vérité disparaît. Que faire? Antoine: S'en remettre à l'Église!«.

Ebenso kann sich unter der verbrecherischen Gestalt dieser Götter die Wahrheit verbergen.«[321]

Das Problem der Dämonie des allegorischen Schriftsinns, das Flaubert auch in anderen Werken umtreibt,[322] wird also innerhalb von Antonius' Phantasmagorie platziert, die vom Anfang bis zum Ende einer Nacht als eine Art Lektüreerfahrung und Halluzination zu lesen ist.[323] Die Verschachtelung ist perfekt: Der lesende Dämon Hilarion erscheint in der Lektüre des Antonius, von der wir in der *Tentation* lesen. Am Ende des Buchs erblickt Antonius in einer umstrittenen Wendung das Antlitz Christi in der Sonne. Der letzte Satz des Werks lautet: »Antonius schlägt ein Kreuz und nimmt sein Gebet wieder auf.«[324] Der Roman erscheint damit als phantasmatische

---

321 Ebd., S. 184: »Hilarion: Rappelle-toi dans l'Écriture toutes les choses que te scandalisent, parce que tu ne sais pas les comprendre. De même, ces Dieux, sous leurs formes criminelles, peuvent contenir la vérité.«

322 So lässt sich *Madame Bovary* laut Vinken als »allegorische Erzählung auf das Ende der Allegorie« verstehen, welche die paulinische Formel vom tötenden Buchstaben und belebenden Geist umkehrt. Vinken, die seltsamerweise in ihrem Buch die *Tentation* kaum streift, akzentuiert Flauberts Verbuchstäblichung christlicher Metaphorik und Allegorik: Barbara Vinken, *Flaubert. Durchkreuzte Moderne*, Frankfurt a. M. 2009, insb. S. 79-88.

323 Vgl. Dagmar Stöferle, »Dämonen, Halluzinationen und der Traum der Erkenntnis. Flauberts *Tentation de saint Antoine*«, in: Susanne Goumegou u. Marie Guthmüller, *Traumwissen und Traumpoetik. Onirische Schreibweisen von der literarischen Moderne zur Gegenwart*, Würzburg 2011, S. 67-84, S. 70-72.

324 Flaubert, *La Tentation de saint Antoine*, S. 237: »Antoine fait le

Unterbrechung der *lectio divina* des Heiligen. Der Dadaist und Anarchist Hugo Ball, der für sein Buch *Byzantinisches Christentum* (1923) ein Kapitel über Antonius plante, schildert die Phantasmagorie des Heiligen in Anlehnung an Flaubert als Erfahrung absoluter Entgrenzung:

> Hungriger Schrei in den Lüften wechselt mit gaukelnder Elementarmusik der Dämonen, die des Heiligen Psalter entwendet haben, so dass er ängstlich die Zunge hütet und nicht einmal sich zum Troste mehr singen mag. Die Täuschungen sind derart, dass Pflanzen sich nicht mehr von Steinen, Hyänen sich nicht mehr von Sträuchern, Menschen von Tieren sich nicht mehr unterscheiden lassen. Hände, Gestalt und Gewand verlieren ihre Wirklichkeit. Christi gütiges Antlitz erscheint in der Sonnenscheibe, und ist doch nur Spuk. Ein unvorsichtig stilisierter Satz genügt, und Satan lässt den ganzen irdischen Körper dessen zerstieben, auf den seine List abzielt. Ein schwanker [sic] Gedanke genügt, um die Menschheit in Aas und Verfall zu begraben.[325]

Wie Ball richtig erkennt, bedeutet die Erscheinung Christi am Ende der *Tentation* nicht unbedingt eine Rückkehr zum Katholizismus, sondern ist selbst bloß ein »Spuk«, der die Derealisierung der Lektüreerfahrung fortsetzt. Spannenderweise kombiniert Ball seine Schilderung der letzten Seiten der *Tentation* mit der Vorstellung, dass die

---

signe de la croix et se remet en prières.«

[325] Hugo Ball, *Byzantinisches Christentum. Drei Heiligenlegenden*, hg. v. Bernd Wacker, Göttingen 2011, S. 285.

Dämonen den Psalter, das Gebetsbuch, des Antonius entwenden. Diese Vorstellung, die sich nicht bei Flaubert doch bei Athanasius findet, schleust das Motiv lesender Dämonen, das in Gestalt des Hilarion wiederkehrt, ins Herz der *Tentation*. Es bleibt ungewiss, ob die Worte/Gedanken aus einem dämonischen oder göttlichen Ursprung stammen. Die von Antonius selbst gepredigte »Unterscheidung der Geister« versagt, aber die Sprachform, die innere Logik des Texts, bleibt. Der unpersönliche Stil ist aus dieser Perspektive das Einzige, was Flauberts Antonius vor dem Abgleiten in den Wahn und der endgültigen Sprachlosigkeit bewahrt.

Wenn Hilarion in der *Tentation* zu einem lesenden Dämon wird, markiert Flaubert letztendlich erneut, dass es in seinem Roman um die Versuchungen der Lektüre geht. Wie zahlreiche andere Werke Flauberts, von der frühen Erzählung *Bibliomanie* (1836) über *Madame Bovary* (1856) bis zu *Bouvard et Pécuchet* (postum 1881), dreht sich die *Tentation* um eine manische Bücherbesessenheit und Lesesucht, um einen Exzess der Lektüre, durch den die Leserinnen und Leser an der Wirklichkeit scheitern müssen. Während Flauberts *alter ego* Madame Bovary – entsprechend dem zeitgenössischen Topos des weiblichen Lesewahns und der weiblichen Lesesucht[326] – von Liebes-

---

[326] Die Angst vor der Lesesucht, die v. a. Frauen zugeschrieben wurde, entstand bereits gegen Ende des 18. Jhd.s. Siehe etwa: Albrecht Koschorke, *Körperströme und Schriftverkehr. Mediologie des 18. Jahrhunderts*, München 1999, S. 398-404.

romanen, die ihre religiöse Erfahrung erotisieren,[327] verführt wird, und Bouvard und Pécuchet dem enzyklopädischen Wahn der Fachliteratur erliegen, wird Antonius vom Buch der Bücher in den Wahn getrieben. Man ist versucht, den drei innerkörperlichen Bewegungen (*corporales motus*) von denen Antonius in den *Apophthegmata patrum* sprach, eine vierte hinzuzufügen: Neben den Bewegungen, die aus unserer Natur, unserer Nahrungsaufnahme und den Dämonen entspringen, müsste man nach Flaubert eine weitere einführen, die aus dem Gelesenen hervorgeht. Antonius, der gegen die Phantasmen seiner eigenen Lektüre kämpft, wird zu einer tragikomischen Gestalt, zu einem modernen Don Quijote des biblischen Schriftsinns.[328]

---

[327] Die augustinische Dimension von Bovarys Ehebruch betont: Vinken, *Flaubert*, S. 133ff.

[328] Cervantes' *Don Quijote* stellt bereits ein wichtiges Modell für Flauberts *Madame Bovary* dar: Vgl. Soledad Fox, *Flaubert and Don Quijote. The Influence of Cervantes on Madame Bovary*, Brighton u. a. 2010, S. 118-124.

Wiederkehr des Verdrängten

Die Psychologisierung der Versuchung führt an der Schwelle zum *Fin de siècle* zu einer massiven Sexualisierung der Lektüre. Während die erotischen Versuchungen in Flauberts *Tentation* wie bei Athanasius eine eher untergeordnete Rolle spielen – die Versuchungen des Wissens treten in der letzten Fassung des Romans verstärkt in den Vordergrund –, fokussiert sich die bildende Kunst auf das Fleisch. Schon auf dem Gemälde *La liseuse de romans* (1853) des belgischen Malers Antoine Wiertz, der wegen seiner Effekthascherei verschrien war und den Walter Benjamin einst für seine Antizipation cineastischer Effekte rühmte,[329] werden sowohl der Akt des Lesens wie der Akt der Leserin erotisiert (Abb. 45).[330]

Der weibliche Lesewahn wird zum Objekt (nicht nur) männlicher Schaulust – im Spiegel erblicken wir das weibliche Geschlecht. Der lesende Dämon, der bedächtig ein Buch auf das zerwühlte Bettlaken legt, wird dabei zum

---

329 Vgl. Jack Post, »Telescoping the Past Through the Present. Antoine Wirtz and Walter Benjamin's Philosophy of (Art)History«, in: *Image & Narrative*, Vol. 15, No. 5 (2014), S. 40-58, S. 41-45.

330 Zur Erotisierung der Lektüre in Kunst, Literatur und Film siehe: Tim Rouget, *Filmische Leseszenen. Ausdruck und Wahrnehmung ästhetischer Erfahrung*, Berlin/Boston 2021, S. 241-243. Rouget erwähnt auch das Gemälde von Wiertz.

bloßen Beschaffer des Lesestoffs.[331] Dahingegen wird auf dem Pastell *La tentation de saint Antoine* (1874) des belgischen Symbolisten Félicien Rops der männliche Leser durch einen nackten Leib aus seiner Lektüre gerissen (Abb. 46).[332] Die Überblendung der Kreuzesarme mit dem Schatten von Teufelshörnern, die Flaubert erwähnt, wird erotisch ausgeschlachtet. Eine verführerische rothaarige *femme fatale* (vermutlich Rops Geliebte Léontine Duluc)[333] ersetzt den Erlöser, der hinterrücks von einem Teufel mit roter Kapuze vom Kreuz gerissen wurde; der lebendige weibliche Körper tritt an die Stelle des männlichen toten Körpers, die Inschrift des INRI wird durch EROS ersetzt.[334] Sigmund Freud, der eine Radierung des Werkes sah, war von dieser Szene begeistert und deutet sie in seiner Abhandlung *Der Wahn und die Träume in W. Jensens Gradiva* (1907) als ein Sinnbild der Wiederkehr des Verdrängten:

---

331 Bei einem der Bücher handelt es sich um das Liebesdrama *Antony* von Alexandre Dumas, das allerdings nichts mit unserem Antonius zu tun hat.

332 Siehe den Katalog: Vgl. Westheider u. Philipp (Hg.) *Schrecken und Lust*, S. 24, S. 162f.

333 Vgl. Sabine Makein, *Die dämonische Frau im Werk von Félicien Rops*, unveröff. Diss., Universität Münster 1990, S. 70.

334 Die Dämonisierung der weiblichen Sexualität findet sich auch in anderen Darstellungen der Versuchungen des Antonius an der Jahrhundertwende: Vgl. Bram Dijkstra, *Idols of Perversity. Fantasies of Feminine Evil in Fin-de-Siècle Culture*, New York/Oxford 1986, S. 254-257.

Gerade dasjenige, was zum Mittel der Verdrängung gewählt worden ist – wie die *furca* [Mistgabel] des Spruchs –, wird der Träger des Wiederkehrenden; in und hinter dem Verdrängenden macht sich endlich siegreich das Verdrängte geltend. Eine bekannte Radierung von Félicien Rops illustriert diese wenig beachtete und der Würdigung so sehr bedürftige Tatsache eindrucksvoller, als viele Erläuterungen es vermöchten, und zwar an dem vorbildlichen Falle der Verdrängung im Leben der Heiligen und Büßer. Ein asketischer Mönch hat sich – gewiß vor den Versuchungen der Welt – zum Bild des gekreuzigten Erlösers geflüchtet. Da sinkt dieses Kreuz schattenhaft nieder, und strahlend erhebt sich an seiner Stelle, zu seinem Ersatze, das Bild eines üppigen nackten Weibes in der gleichen Situation der Kreuzigung. Andere Maler von geringerem psychologischem Scharfblick haben in solchen Darstellungen der Versuchungen die Sünde frech und triumphierend an irgendeine Stelle neben dem Erlöser am Kreuz gewiesen. Rops allein hat sie den Platz des Erlösers selbst einnehmen lassen; er scheint gewusst zu haben, daß das Verdrängte bei der Wiederkehr aus dem Verdrängenden selbst hervortritt.[335]

Freud, der als junger Mann die *Tentation* las und von Flauberts literarischen »Halluzinationen« angetan war,[336]

---

335 Sigmund Freud, *Der Wahn und die Träume in W. Jensens ›Gradiva‹*, hg. v. Bernd Urban, Frankfurt a. Main 1995, S. 73.

336 Freud verbindet in einem Brief vom 26. Juli 1883 die Phantasmagorie der *Tentation* mit der pathologischen Verfassung Flauberts: »Eine ungeheure Gelehrsamkeit steckt in dieser religionsgeschichtlichen Walpurgisnacht, doch was vor allem Eindruck macht, ist die

versteht Rops Radierung als Bestätigung seiner Theorie der Verdrängung. Das Mittel der Verdrängung, das Kreuz, wird zum Träger und zur Bühne der Wiederkehr des Verdrängten, der männlichen sexuellen Wünsche. Hierbei vergleicht Freud das Kreuz blasphemisch mit einer *furca*, mit einer Mistgabel aus einem berühmten Horaz-Zitat, das er zuvor paraphrasiert: *Naturam furca expellas, semper redibit* (»Treibe die Natur mit der Mistgabel aus, immer wird sie wiederkehren«).[337] Die Wiederkehr der »Natur« substituiert ein Phantasiebild durch ein anderes Phantasiebild und verwandelt ein totes Artefakt in einer Art »Pygmalion-Effekt«[338] in einen lebendigen Körper – analog wird in Jensens Erzählung *Gradiva*, die Freud hier analysiert, eine tote antike Statue zu einer lebendigen halluzinierten Kindheitsfreundin.[339] Ähnlich stellen die halbskelettierten Putti, die dem stürzenden Christus Blumen streuen, einen Übergang zwischen dem

---

Plastik der Halluzination, der Art, wie die Sinneseindrücke anschwellen, sich verwandeln, plötzlich verschwinden. Man versteht es besser, wenn man weiß, dass Flaubert Epileptiker war und selbst halluzinierte.« Sigmund Freud, *Die Brautbriefe. 1882-1886*, hg. v. Gerhard Fichtner, Frankfurt a. M. 2011, Bd. 2., S. 70.

337 Freud zitiert das Zitat nicht korrekt und aus dem Gedächtnis.

338 Zu diesem Effekt siehe die umfassende kunst- und kulturhistorische Studie: Victor I. Stoichita, *Der Pygmalion-Effekt. Trugbilder von Ovid bis Hitchcock*, übs. v. Ruth Herzmann, München 2011, insb. S. 29-61.

339 Vgl. Freud, *Der Wahn und die Träume in W. Jensens ›Gradiva‹*, S. 59f.

Abb. 45: Antoine Wiertz, *La liseuse de romans*.
MUSÉE WIERTZ MUSEUM, IXELLES.

Abb. 46: Félicien Rops, *Versuchungen des hl. Antonius.*
BIBLIOTHÈQUE ROYALE DE BELGIQUE, BRÜSSEL.

Toten und Lebendigen dar. Der Teufel, den Freud in seiner Bildbeschreibung ausblendet, tritt bei Rops als Zauberer hinter seinem Zauberkunststück zurück.

Der Teufel wird nach der Wiederkehr des Verdrängten obsolet und der religiöse Rahmen zu einem bloßen Vorwand, um eine nackte Frau darzustellen, wie Rops in einem Brief selbst gesteht.[340] Freud, der immer wieder die Nähe von Dämonologie und Psychoanalyse betonte, schreibt in seiner Studie über den barocken Teufelsmaler Haitzmann *Eine Teufelneurose im siebzehnten Jahrhundert* (1923): »Die Dämonen sind uns böse, verworfene Wünsche, Abkömmlinge abgewiesener Triebregungen, verdrängter Triebregungen. Wir lehnen bloß die Projektion in die äußere Welt ab [...].«[341] Die Dämonen und der Teufel, den Freud in seiner Abhandlung als einen phantasmatischen »Vaterersatz« deutet, sind Phantasmen unserer inneren Triebe und Wünsche. Die Wiederkehr des Verdrängten führt, wie Rops zeigt, zu einer Vermischung. Das Kreuz bleibt und »sinkt« nicht, wie Freud meint, »schattenhaft nieder«. Damit beteiligt es sich an einer Verdrängung des toten Christus wie des mönchischen

---

340 Der Brief wird zitiert in: William S. Young, *The Temptations of St. Anthony. The Autobiographic Interpretation of Gustave Flaubert's Novel by Félicien Rops, Fernand Khnopff and James Ensor*, unveröff. Masterarbeit, Lamar University 2000, S. 37f.

341 Sigmund Freud, *Eine Teufelsneurose im siebzehnten Jahrhundert*, in: ders., *Zwei Fallberichte*, Einl. v. Mario Erdheim, Frankfurt a. M. 1997, S. 173f.

Teufels, die als leere Hüllen unserer natürlichen Begierden ausgemistet werden. Die Natur kehrt verwandelt und stärker, nämlich mit der Mistgabel oder dem Kreuz bewaffnet, zurück.

Freud vergisst in seiner Bildbeschreibung nicht nur den Teufel, er verschweigt auch, dass es sich bei dem Bild um eine Leseszene handelt. Rops übernimmt Flauberts Bühnenbild und stellt seinen Antonius vor einem Kreuz und einem hölzernen Lesepult mit einem aufgeschlagenen Buch dar. In dem Buch, in dem eine nackte Frau, die einen halbnackten Mann verfolgt und an seinem Gewand zerrt, abgebildet ist, ist das Kapitel *De continentia Josephi*, »Über die Enthaltsamkeit Josefs«, aufgeschlagen. Es handelt sich hier um eine typische Versuchungsszene, die alttestamentarische Erzählung von Potifars Frau, die Josef sexuell verführen wollte und die, als dies misslang, Josef der Vergewaltigung bezichtigte (Gen 39,7-19).[342] Die Erscheinung der dämonischen *femme fatale* lässt sich wie die Phantasmen bei Flaubert als Produkt der Lektüre verstehen, das die erotischen Bedürfnisse des Eremiten in Er-

342 Vgl. Makein, *Die dämonische Frau im Werk von Félicien Rops*, S. 73f. Der Kommentar im Katalog von Westheider und Philipp meint fälschlicherweise, dass der Titel *De continentia Josephi* auf das Problem der Jungfrauengeburt Marias verweist. Diese Lesart, ein blasphemischer Lapsus, der die Abbildung im aufgeschlagenen Buch als Vergewaltigung Josefs durch Maria deuten müsste, hätte Rops fraglos gefallen. Vgl. Westheider u. Philipp (Hg.) *Schrecken und Lust*, S. 162.

innerung ruft. Die Erzählung von Potifars Frau weckt anscheinend Antonius' Begierde nach Überwältigung durch die weibliche Sexualität. Hierdurch findet eine seltsame Verkehrung von Täter und Opfer, Aktivität und Passivität, statt. Antonius wird von seinem Phantasma gefesselt, obwohl oder gerade weil seine Begierde die halluzinierte Frau in einer Bondagephantasie an das Kreuz fesselte.

Diese psychologische Lesart lässt sich aber durch eine hermeneutische ergänzen: Der Versuch des Lesers, einen verborgenen tieferen Sinn in der Schrift zu erfassen, führt dazu, dass dieser von seinen eigenen Phantasmen gefangen genommen wird. Wenn wir an die doppelgleisige Strategie von Alphonsus' Teufelskönigin aus der *Legenda mirabilis* denken, dann erweisen sich die nackten Körper auch als Sinnbild theologischer Versuchungen. Der Striptease der Versucherinnen ist eine Allegorie der Allegorie, eine Persiflage der Begierde der Lesenden hinter den Schleiern des Buchstäblichen den eigentlichen »nackten« Sinn zu erblicken.[343] Ein Echo dieser Tradition erklingt noch bei Rops, wenn auf dem Buchschnitt eines der Bücher, auf dem das Antonius-Schwein steht, in griechischen Buchstaben der Name »Origenes« (fälschlich »Orige-

343 Hülle und Kleid sind gängige Metaphern für die sprachliche Verhüllung des geistigen Schriftsinns: Vgl. Hans-Jörg Spitz, *Die Metaphorik des geistigen Schriftsinns. Ein Beitrag zur allegorischen Bibelauslegung des ersten christlichen Jahrtausends*, München 1972, insb. S. 40f.

nos«) geschrieben steht.[344] Auf einem anderen Buch ist hingegen die Signatur des Künstlers zu lesen. Wählte Rops Origenes wegen der blutigen Legende, wonach sich der alexandrinische Exeget selbst kastrierte, um sich besser auf den spirituellen Schriftsinn konzentrieren zu können?[345] Origenes galt jedenfalls als einer der ersten und einflussreichsten Vertreter einer radikal geistlichen Schriftlektüre, die, wie wir gesehen haben, auch die Gefahr einer geistlichen Versuchung der Schrift steigert. Finden wir sogar bei Rops – trotz der vulgären Psychologisierung und Sexualisierung – einen Funken des dämonischen Schriftsinns, der die vormodernen Versuchungen des Antonius belebt?

Der Mechanismus der Verdrängung, der Rops und Freud vorschwebt, lässt sich in den bildenden Künsten nicht völlig befriedigend darstellen. Zumindest wirken Jesus und der Teufel bei Rops eher wie eine Verlegenheitslösung, die, wie Freuds Beschreibung belegt, räumlich nicht ganz konsistent ist. Jesus ist *hinter* dem Kreuz, obschon das Wiederkehrende, also die begehrte Frau, laut Freud »in und hinter dem Verdrängten« erscheinen müsste. Au-

---

344 Der Name lässt sich nicht eindeutig lesen. Youngs These, dass es sich hier um einen ganzen griechischen Satz handelt, scheint mir an den Haaren herbeigezogen: Vgl. Young, *The Temptations of St. Anthony*, S. 38.

345 Der historische Gehalt dieser Legende wird heute bezweifelt: Christoph J. Markschies, *Origenes und seine Erben. Gesammelte Studien*, Berlin/Boston 2007, S. 30ff.

ßerdem müsste der Gekreuzigte auf derselben Ebene wie die *femme fatale* und das Kreuz, das eben nicht »schattenhaft niedersinkt«, liegen. Diese Probleme lassen sich mit filmischen Mitteln eleganter lösen, wie George Méliès Stummfilm *La tentation de saint Antoine* (1898) beweist.[346] Der Film, der kaum länger als eine Minute dauert und der wegen seiner Blasphemie von der Polizei verboten wurde, verwandelt die Versuchungen des Heiligen wortwörtlich in ein *jeu de lumière*.[347] Dieses Spiel von Licht und Schatten ist offensichtlich von Rops Ikonographie beeinflusst: Antonius, der von Méliès selbst gespielt wird, betet und liest in seiner Höhle, bevor in rascher Abfolge drei Verführerinnen aus dem Nichts auftauchen, die den Heiligen stören und aus seiner frommen Lektüre reißen. Antonius sucht Zuflucht zu einem Totenschädel, mit dem er spricht und den er küsst, und wirft sich vor einem hölzernen Kruzifix auf die Knie, um zu seinem Heiland zu beten. Dann wird der Körper Jesu in einem Stoppeffekt durch eine Versucherin (es handelt sich vermutlich um Jeanne D'Alcy, die künftige Frau des Regisseurs) ersetzt, die den Gekreuzigten mimt (Abb. 47). Antonius springt erschrocken auf und wird in einer Mehrfachbelichtung

---

346 Der Film ist online zugänglich: https://en.wikipedia.org/wiki/File:Tentation_de_Saint_Antoine_(1898).webm [09.06.2022].

347 Die religiöse Parodie ist vermutlich im Kontext der Dreyfus-Affäre zu sehen, in der Méliès die Anti-Dreyfus-Haltung der Kirche kritisiert: John Frazer, *Artificially Arranged Scenes. The Films of Georges Méliès*, Boston 1978, S. 71f.

von der Erscheinung eines schwebenden Engels getröstet. Der Zuschauer bleibt hingegen beunruhigt zurück. Die schockhafte Wiederkehr des Verdrängten, die durch ihre Unmittelbarkeit und nicht – wie bei Rops – durch ihre Nacktheit besticht, wirft Zweifel auf, ob es sich bei dem Engel, der vielleicht ebenfalls von D'Alcy gespielt wird, nicht um einen Dämon handelt. Satan kann bekanntlich als *Engel des Lichts* erscheinen – welcher Ort wäre hierfür geeigneter als das Kino?[348] Der Film provoziert und aktualisiert die uralte Frage nach der Möglichkeit bzw. Unmöglichkeit der *discretio spirituum*. Die Lektüre ist bei Méliès bloß der Vorspann und das Vorspiel der dämonischen cinematographischen Verwandlung. Demgegenüber ist das aufgeschlagene Buch in einem früheren französischen Stummfilm, an dem sich Méliès orientierte, in *La tentation de saint Antoine* (1896) von Eugène Pirou, Teil der Verwandlungsszene selbst. Auf einem Fragment des ansonsten zerstörten Films sehen wir, wie der schockierte

348 Satan und seine cineastischen Tricks spielen bei Méliès und überhaupt im frühen Film eine wichtige Rolle: Russ Hunter, »In the Sign of the Cross. Georges Méliès and Early Satanic Cinema«, in: Jeffrey Andrew Weinstock u. Regina M. Hansen (Hg.), *Giving the Devil His Due. Satan and Cinema*, New York 2021, S. 15-26. Die *discretio spirituum* wird auch in Luis Buñuels Film *Simón del desierto* (1965), in dem Satan, eine Frau, dem Wüstenermiten Simon als Jesus verkleidet begegnet. Die Askese lässt sich als eine Animation von religiösen Bildern verstehen, die immer auch ihr dämonisches Gegenbild als Travestie inkludiert. Hierzu: Largier, *Die Kunst des Begehrens*, S. 17-25.

Abb. 47: Film-Stills: George Méliès, *La tentation de saint Antoine*.

Abb. 48: Fragmente: Eugène Pirou,
La tentation de saint Antoine.
BIBLIOTHÈQUE NACIONAL DE FRANCE, PARIS.

Heilige durch das Buch von der Versucherin getrennt wird, die ein Ganzkörperkostüm trägt, das Nacktheit simuliert (Abb. 48). In diesem Detail ist Pirou Rops näher. Das Phantasma wird durch die Lektüre simultan geweckt und auf Distanz gehalten. Die Lektüreszene, die Freud verdrängte, kehrt gemeinsam mit dem verdrängten dämonischen Schriftsinn für einen Augenblick auf der Kinoleinwand zurück.

Während der frühe Stummfilm daran festhält, die Versuchungen des Antonius als Leseszene zu inszenieren, wird in Federico Fellinis erstem Farbfilm *Le tentazioni del Dottor Antonio* (1962) die Problematik der Lektüre durch die der Werbung ersetzt. Der Film, eine Episode des Omnibusfilms *Boccaccio 70*, ist eine satirische Replik auf die Prüderie der Kritik, die *La dolce vita* (1960) ereilte: Der moralinsaure Dottor Antonio (Peppino de Filippo) kämpft gegen ein gigantisches Werbeplakat, eine Art Kinoleinwand, auf der Anita Ekberg in lasziver Pose für Milch wirbt – »Bevete più latte« tönt aus den Lautsprechern. Ekberg wird plötzlich lebendig und entsteigt der Plakatwand. Als Riesin, als »Queen Kong«, jagt sie Antonio, der von regressiven erotischen Ängsten und Wünschen gepeinigt wird, durch das nächtliche Rom (das futuristische Viertel EUR). Schließlich tötet Antonio das Phantasma, indem er als Don Quijote in Rittermontur auftritt und eine Lanze in das Herz der Frau bzw. des Plakats schleudert. In einer Trauermarschvision wird das Phantasma in einem riesigen Sarg zu Grabe getragen. Antonio, der auf das Plakat geklettert ist und sich dort festklammert, wird am nächsten Morgen in die Psychiatrie abtransportiert. Der Feind der Phantasmen, der prüde Ikonoklast, entpuppt sich als ihr heimlicher Liebhaber. Die Witzfigur des Antonio wird zum eigentlichen Cinephilen. Die Mehrdeutigkeit der Schrift und der Lesewahn der Moderne werden von der Bildbesessenheit des Kinos und der Werbung verdrängt. Der melancholische Trauermarsch, den Fellini in seiner Vision des Dottor Antonio inszeniert, ist zugleich ein Abgesang auf die herkömmliche Antonius-Ikonographie und den dämonischen Schriftsinn, der nun als dämonischer (erotischer) Bildsinn viel zu nahe an der Oberfläche liegt, um eine völlige Verkehrung des Sinns zuzulassen. Der Pygmalion-Komplex, die Belebung des Unbelebten und die Besessenheit durch das artifizielle selbstgeschaffene Phantasma, überschattet die Frage nach der »Unterscheidung der Geister«.[349] Am Grund der Eindeutigkeit des Bildes vollzieht sich die Trauerarbeit des dämonischen Schriftsinns.

---

349 Darum beendet Lebensztejn den cineastischen Teil seines Essays über die Figur des Pygmalion mit diesem Film: Jean-Claude Lebensztejn, *Pygmalion*, übs. v. G. H. H., Berlin 2017, S. 103-107. Der Pygmalion-Komplex, der in Méliès *Tentation* zurücktritt, dominiert andere Filme des Regisseurs und prägt die Anfänge des erotischen Kinos: Vgl. Vito Adriaensen u. Steve Jacobs, »The Sculpor's Dream: Tableaux Vivants and Living Statues in the Films of Méliès and Saturn«, in: *Early Popular Visual Culture*, Vol. 13, No. 1 (2015), S. 41-64, S. 50ff.

Danksagung

Ein Großteil der Recherche für dieses Buch entstand während eines Forschungsaufenthalts am KHI Florenz (Kunsthistorisches Institut | Max-Planck-Institut) von Oktober 2020 bis April 2021. Ich bin Hana Gründler, die mein Projekt dort im Rahmen ihrer Forschungsgruppe *Etho-Ästhetiken des Visuellen* förderte, zu außerordentlichem Dank verpflichtet. Die Ausarbeitung des Materials zu einem Buch wurde am IFK Wien (Internationales Forschungsinstitut Kulturwissenschaften) begonnen, wo ich mein Projekt als Research Fellow im Wintersemester 2021/2022 präsentieren und diskutieren durfte. Neben dem Herausgeber Thomas Macho, der dieses Buch anregte und ermöglichte, bin ich dem gesamten Team des IFK für seine herzliche Gastfreundschaft dankbar. Nicht zuletzt gilt mein Dank der ÖAW (Österreichische Akademie der Wissenschaften), die mein großangelegtes Forschungsprojekt zur Geschichte und Theorie dämonischer Phantasmen seit Juli 2021 großzügig durch ein GSK-APART-Stipendium finanziert.

Wie jedes Buch lebt auch dieses von unzähligen Ermutigungen, Einwänden und (dämonischen) Einflüsterungen. Entscheidende mediävistische, theologische, philologische, kunst- und kulturhistorischen Anregungen stammen u. a. von Ravinder Binning, Laura Fenelli, Elisabeth

Flucher, Hana Gründler, Marie Hartmann, Richard Heinrich, Harald Haferland, Uta Heil, Esther Kilchmann, Rebecca Ladewig, Niklaus Largier, Helmut Lethen, Thomas Macho, Kerstin Mayerhofer, Christoph Paret, Wolfram Pichler, Rudi Risatti, Philippe Roepstorff-Robiano, Sasha Rossman, Thomas Scheiwiller, Christian Scherrer, Angelika Seppi, Philipp Stadelmaier, Lorenzo Thelen, Thomas Traupmann, Sandra Uhrig, Michael Ziegler und Claus Zittel. Besonders hervorgehoben seien Thierry Greub und Gregor Meinecke, die mir nicht nur wichtige Hinweise lieferten, sondern mich auch maßgeblichen beim Lektorat unterstützten, wie Manuela Tomic, die mir beim Korrektorat und beim Durchbeißen beistand. Hilfe bei meinen Übersetzungen bzw. Überarbeitungen bereits bestehender Übersetzungen verdanke ich der Expertise von Ashwin Schumann und Daniel Wendt.

Detail: Jan Wellens de Cock,
Versuchungen des hl. Antonius,
KERÉSZTENY MÚSZEUM, ESZTERGOM.

Bibliographie

Acres, Alfred, »What Happens if Christ Sleeps?«, in: Christian Heck (Hg.), *L'allégorie dans l'art du Moyen Âge. Formes et fonctions. Héritages, creations, mutations*, Turnhout 2013.

Agaiby, Elizabeth (Hg.), *The Arabic Life of Antony Attributed to Serapion of Thmuis. Cultural Memory Reinterpreted*, Leiden/Boston 2019.

Aichinger, Wolfram, *Das Feuer des heiligen Antonius. Kulturgeschichte einer Metapher in Spanien im Kontext der Romania*, Habil., Universität Wien 2005.

Aikema, Bernard (Hg.), *Jheronimus Bosch e Venezia*, Venedig 2017.

Alghieri, Dante, *La commedia/Die Göttliche Komödie*, ital./dt., übs. v. Hartmut Köhler, Stuttgart 2021.

Alvarez, Plácido, »Demon Stories in the *Life of Anthony* by Athanasius«, in: *Cistercian Studies Quaterly*, 33 (1998), S. 101-114.

Anderson, Wendy Love, *The Discernment of Spirits. Assessing Visions and Visionaries in the Late Middle Ages*, Tübingen 2011.

Apophthegmata patrum. Anonyme gr. Sammlung: *The Anonymous Sayings of the Desert Fathers. A Select Edition and complete English Translation*, gr./engl., hg. u. übs. v. John Wortley, Cambridge 2013.

– Alphabetische lat. Sammlung: *Verba seniorum*, in: *Vitae patrum sive historiae eremiticae libri decem*, Bd. 1, hg. v. Heribert Rosweyde, bearb. Jacques-Paul Migne (PL 73), Paris 1849.

Arasse, Daniel, *Bildnisse des Teufels*, übs. v. G. H. H., Berlin 2021.

As-Vijvers, Anne Margreet W. (Hg.), *Das Stundenbuch der Katharina von Kleve*, übs. v. Beatrice von Bormann, Stuttgart 2009.

Athanasius von Alexandrien, *Vita Antonii/Leben des Antonius*, gr./dt., komm. u. übs. v. Peter Gemeinhardt, Freiburg i. Br. 2018.

Augustinus, *Confessiones/Bekenntnisse*, lat./dt., übs. v. Joseph Bernhard, Frankfurt a. M. 1987.

– *De civitate dei*, hg. v. E. Hoffmann (CSEL 40,1), Wien 1899. Deutsch: *Vom Gottesstaat*, übs. v. Wilhelm Thimme, Zürich 1955.

– *De divinatione daemonum*, in: *De fide et symbol, De fide et operibus*, i. a., hg. v. J. Zycha (CSEL 41), Wien 1900.

– *De doctrina christiana*, lat./engl., hg. und übs. v. R. P. H. Green, Oxford 1995. Deutsch: *Die christliche Bildung*, übs. v. Klara Pollmann, Stuttgart 2002.

Bachtin, Michail, *Rabelais und seine Welt. Volkskultur als Gegenkultur*, übs. v. Gabriele Leupold, Frankfurt a. M. 1995.

Bailey, Michael D., *Battling Demons. Witchcraft, Heresy, and Reform in the Late Middle Ages*, Pennsylvania 2003.

Ball, Hugo, *Byzantinisches Christentum. Drei Heiligenlegenden*, hg. v. Bernd Wacker, Göttingen 2011.

Balogh, Josef, »Voces paginorum. Beiträge zur Geschichte des lauten Lesens und Schreibens« (Teil 1), *Philologus*, Vol. 82, 1-4 (1927), S. 84-109.

Baltrušaitis, Jurgis, *Le moyen âge fantastique. Antiquités et exotismes dans l'art gothique*, Paris 1955.

Barth, Hans-Martin, *Der Teufel und Jesus Christus in der Theologie Martin Luthers*, Göttingen 1967.

Bauer, Veit Harold, *Das Antonius-Feuer in Kunst und Medizin*, Heidelberg u. a. 1973.

Benedicti regula/Die Benediktsregel, lat./dt., übs. v. Gernot Krapinger, Stuttgart 2009.

Bax, Dirk, *Hieronymus Bosch. His Picture-Writing Deciphered*, übs. v. M. A. Bax-Botha, Rotterdam 1979.

Berns, Jörg Jochen, »Der Heilige der Imagination. Antonius Abbas und seine Entdeckung durch die Maler des 15. bis 17. Jahrhunderts«, in: Elmar Locher u. Hans Jürgen Scheuer (Hg.), *Archäologie der Phantasie*, Innsbruck/Bozen 2012, S. 249-274.

Bettini, Maurizio, *Vertere. Un'antropologia della traduzione nella cultura antica*, Turin 2012.

Beutel, Albrecht, »›Sola scriptura mus sein‹ Begründung und Gebrauch des Schriftprinzips bei Martin Luther«, in: Stefan Alkier (Hg.), *Sola scriptura 1515-2017. Rekonstruktionen – Kritiken – Transformationen – Performanzen*, Tübingen 2019, S. 19-58.

Blanch, Marta Nuet, »San Antonio tendado por la lujuria. Dos formas de representación en la pintura de los siglos XIV y XV«, in: *Locus amœnus*, 2 (1996), S. 111-124.

Blumenberg, Hans, *Die Lesbarkeit der Welt*, Frankfurt a. M. 1986.

Bonihominis, Alphonsus, *Legenda mirabilis*, in: Halkin, François (Hg.), »La légende de saint Antoine traduit de l'arabe par Alphonse Bonhome, O. P.«, in: *Analecta Bollandiana*, 60 (1942), S. 143-212.

Brakke, David, *Athanasius and the Politics of Ascetism*, Oxford 1995.

– *Demons and the Making of the Monk. Spiritual Combat in Early Christianity*, Cambridge Mass. 2006.

Breed, Brennan, »Reception of the Psalm: The Example of Psalm 91«, in: William P. Brown (Hg.), *The Oxford Handbook of the Psalms*, New York/Oxford 2014, S. 297-310.

Brittnacher, Hans Richard, »Die zwei Körper des Antonius. Reiz und Pein der Askese«, in: Westheider u. Philipp (Hg.) *Schrecken und Lust*, S. 42-51.

Bucher, Gisela, »Le diable dans les polémiques confessionelles«, in: Jean Wirth u. Florian Rodari (Hg.), *Diables et diableries. La representation du diable dans la gravure des XVe XVIe siècles*, Genf 1977, S. 39-53.

Burton-Christie, Douglas, *The Word in the Desert. Scripture and the Quest for Holiness in Early Christian Monasticism*, Oxford u. a. 1993.

Caciola, Nancy, *Discerning Spirits. Divine and Demonic Possession in the Middle Ages*, Ithaca NY 2015.

Caesarius von Heisterbach, *Dialogus miraculorum/Dialog über Wunder*, übs. u. komm. v. Nikolaus Nösges u. Horst Schneider, Turnhout 2009.

Callois, Roger, *A cœur de fantastique*, Paris 1965.

Cameron, Euan, *Enchanted Europe. Superstition, Reason, and Religion. 1250-1750*, Oxford u. a. 2010.

Cameron, Michael, »Augustine and Scripture«, in: Mark Vessey (Hg.), *A Companion to Augustine*, Chichester u. a. 2012, S. 200-214.

Camille, Michael, »Seeing and Reading. Some Visual Implications of Medieval Art«, in: *Art History*, Vol. 8, No. 1 (1985), S. 26-49.

– »The Devil's Writing. Diabolic Literacy in Medieval Art«, in: Irving Lavin (Hg.), *World Art. Themes of Unity and Diversity* (Acts of the Twenty-Sixth International Congress of the History of Art), University Park/London 1989, Bd. 2, S. 355-360.

Cappeletti, Claudia (Hg.), *Sant'Antonio Abate. La vita e le opere. Commentario*, Modena 2013.

Cassian, Johannes, *Collationes patrum*: in: *Joannis Cassiani opera omnia*, ed. by Jacques-Paul Migne (PL 49, Bd. 1), Paris 1846.

Castelli, Enrico, *Il demoniaco nell'arte. Il significato filosofico del demoniaco nell'arte*, Mailand/Florenz 1951.

Chau, Wai-Shing, *The Letter and the Spirit. A History of Interpretation from Origen to Luther*, New York/Vienna 1995.

Chitty, Derwas J., *The Desert a City. An Introduction to the Study of Egyptian and Palestinian Monasticism under the Christian Empire*, Oxford 1996, S. 1-19.

Clark, Stuart, *Thinking with Demons. The Idea of Witchcraft in Early Modern Europe*, Oxford/New York 1997.

Climacus, Johannes, *Scala paradisi*, in: *Johannes Scholastici vulgo Climaco, opera omnia*, hg. v. Jacques-Paul Migne (PG 88), Paris 1864.

Cotter, James Finn, »The Book within the Book in Mediaeval Illuminations«, in: *Florilegium* 12 (1993), S. 107-140.

Cuttler, Charles D., *The Temptations of Saint Anthony in Art. From Earliest Times to the First Quarter of the XVI Century*, Diss., New York University 1952.

– »The Lisbon Temptation of St. Anthony by Jerome Bosch«, in: *The Art Bulletin*, Vol. 39, No. 2 (1957), S. 109-126.

– »Some Grünewald Sources«, in: *The Art Quarterly* 19 (1957), S. 101-124.

– »Witchcraft in a Work by Bosch«, in: James Synder (Hg.), *Bosch in Perspective*, New Jersey 1973, S. 108-117.

Damisch, Hubert, *Theorie der Wolke. Für eine Geschichte der Malerei*, übs. v. Heinz Jatho, Zürich/Berlin 2013.

Davenport, Nancy, »Between Carnival and Dream. St. Anthony, Gustave Flaubert, and the Arts in Fin de Siècle Europe«, in: *Religion and the Arts*, 6, 3 (2002), S. 291-357.

Debre, Joseph Kiermeir (Hg.), *Le mystère de Sant Anthoni de Viennès 1503/Das Mysterienspiel vom heiligen Antonius aus dem Viennois* (Antoniter-Form, Hf. 10), okz./fr./dt., übs. v. Gaston Tuaillon u. Peter Haberl, München 2002.

Dijkstra, Bram, *Idols of Perversity. Fantasies of Feminine Evil in Fin-de-Siècle Culture*, New York/Oxford 1986.

Dobschütz, Ernst von, »Vom vierfachen Schriftsinn. Die Geschichte einer Theorie« in: *Harnack-Ehrung. Beiträge zur Kirchengeschichte ihrem Lehrer Adolf von Harnack dargebracht von einer Reihe seiner Schüler*, Leipzig 1921, S. 1-13.

Dörries, Hermann, »Die Bibel im ältesten Mönchstum«, in: ders., *Wort und Stunde. 1. Gesammelte Schriften zur Kirchengeschichte des 4. Jahrhunderts*, Göttingen 1966, S. 251-276.

Dupont, Jacques, *Les tentations de Jésus au Désert*, Brügge 1969.

Dürer, Albrecht, *Schriftlicher Nachlass*, hg. v. Hans Rupprich, Berlin 1969.

Eco, Umberto, *Die Grenzen der Interpretation*, übs. v. Günter Memmert, München/Wien 1992.

– *Zwischen Autor und Text. Interpretation und Überinterpretation. Mit Einwürfen von Richard Rorty, Jonathan Culler, Christine Brooke-Rose und Stefan Collini*, übs. v. Hand Günter Holl, München/Wien 1994.

Endres, Joseph Anton, *Petrus Damiani und die weltliche Wissenschaft* (Beiträge zur Geschichte der Philosophie des Mittelalters, Bd. 8, Hf. 3), Münster 1910.

Falk, Tilman, u. Hirthe, Thomas (Hg.), *Martin Schongauer. Das Kupferstichwerk. Ausstellung zum 500. Todesjahr, Staatliche Graphische Sammlung München*, München 1991.

Fenelli, Laura, *Sant'Antonio Abate. Parole, reliquie, immagini*, unveröff. Diss., Universität Bologna 2007.

– »Un manoscritto bolognese del primo Trecento. Testi e immagini per la costruzione dell'iconografia di un santo«, in: Rosa Alcoy (Hg.), *El Trecento en obres. Art de Catalunya i art d'Europa al segle XIV*, Barcelona 2009, S. 385-396.

– *Dall'eremo alla stalla. Storia di sant'Antonio abate e del suo culto*, Rom/Bari 2011.

– »Da Cipro alla Spagna, dall'arabo al latino: la Tentatio sancti Antonii di Alfonso Buenhombre«, in: Alessandro Musco u. Giuliana Musotto (Hg.), *Coexistence and Cooperation in the Middle* Ages (IV European Congress of Medieval Studies F. I. D. E. M, June 2009), Palermo 2014, S. 521-537.

Feng, Helen C., *The Devil's Letters. Their History and Significance in Church and Society, 1100-1500*, unveröff. Diss., Northwestern University 1982.

Ferrari, Guy, »Sources for the Early Iconography of St. Anthony«, in: Steidle (Hg.), *Antonius magnus Eremita*, S. 248-253.

Flaubert, Gustave, *La Tentation de saint Antoine*, hg. v. Gothot-Mersch, Paris 1983. Deutsch: *Die Versuchungen des heiligen Antonius*, übs. v. Barbara u. Robert Picht, Frankfurt a. M. 1966.

Foucault, Michel, »Nachwort«, in: Gustave Flaubert, *Die Versuchungen des heiligen Antonius*, S. 217-251.

Fox, Soledad, *Flaubert and Don Quijote. The Influence of Cervantes on Madame Bovary*, Brighton u. a. 2010.

Fraenger, Wilhelm, *›Das Lied des Moses‹ als Zentralmotiv der ›Versuchungen des St. Antonius‹ von Hieronymus Bosch*, Amsterdam 1950.

Frazer, John, *Artificially Arranged Scenes. The Films of Georges Méliès*, Boston 1978.

Freud, Sigmund, *Der Wahn und die Träume in W. Jensens ›Gradiva‹*, hg. v. Bernd Urban, Frankfurt a. Main 1995.

– *Eine Teufelsneurose im siebzehnten Jahrhundert*, in: ders., *Zwei Fallberichte*, Einl. v. Mario Erdheim, Frankfurt a. M. 1997.

– *Die Brautbriefe. 1882-1886*, hg. v. Gerhard Fichtner, Frankfurt a. M. 2011.

Fried, Michael, *Painting with Demons. The Art of Gerolamo Savoldo*, London 2021.

Froitzheim, Eva-Marie, »Die ›Versuchungen des Heiligen Antonius‹ von Joos van Craesbeeck«, in: *Jahrbuch der staatlichen Sammlungen in Baden-Württemberg*, 24 (1988), S. 85-107.

Gärtner, Thomas, »Der Reformator Martin Luther in den *Pia hilaria* des Jesuiten Angelinus Gazaeus«, in: Thomas Baier u. Tobias Dänzer, *Plautus in der Frühen Neuzeit*, Tübingen 2020, S. 307-345.

Gemeinhardt, Peter, *Antonius. Der erste Mönch. Leben – Lehre – Legende*, München 2012.

– »Translating *Paideia*: Education in the Greek and Latin Versions of the *Life of Antony*«, in: Lillian Larsen u. Samuel Rubenson (Hg.), *Monastic Education in Late Antiquity. The Transformation of Classical Paideia*, Cambridge 2018, S. 33-52.

Gendolla, Peter, *Phantasien der Askese. Über die Entstehung innerer Bilder am Beispiel der ›Versuchungen des heiligen Antonius‹*, Heidelberg 1991.

Georges, Tobias, »Die Götter als Dämonen bei Justin, Athenagoras und Tertullian«, in: Christoph Schwöbel (Hg.), *Gott – Götter – Götzen* (14. Kongress für Theologie, September 2011), Leipzig 2013, S. 431-443.

Ginzburg, Carlo, »The Letter Kills: Or some Implications of 2 Corinthians 3:6«, in: *History and Theory*, 49 (2010), S. 71-89.

Goehring, James E., »The Dark Side of Landscape. Ideology and Power in the Christian Myth of the Desert«, in: Philip Rousseau (Hg.), *The Cultural Turn of Late Ancient Studies. Gender, Ascetism, and Historiography*, North Carolina 2005, S. 136-149.

Graham, Rose, »A Picture-Book of the Life of St. Anthony the Abbot, executed for the Monastery of Saint Antoine de Viennoise in 1426«, in: *Archeologia or Miscellaneous Tracts relating to Antiquity* 83 (1933), S. 1-26.

Gregory, Tullio, *Principe di questo mondo. Il diavolo in occidente*, Bari 2013.

Guigo der Kartäuser, *Scala claustralium*, in: *S. Bernardi opera omnia*, Bd. 3, hg. v. Jacques-Paul Migne (PL 184), Paris 1862.

Halm, Peter, »Der schreibende Teufel«, in: Enrico Castelli (Hg.), *L'umanesimo e il demoniaco nell'arte* (Atti del II Congresso Intetrazionale di Studi umanistici), Rom/Mailand 1952, S. 235-249.

Hamrin, Minna, *Picturing Carnal Temptation and Sin in Post-Tridentine Imagery*, Masterarbeit, Åbo Akademi Universität 2018.

Harmless, William, *Desert Christians. An Introduction to the Literature of Early Monasticsm*, Oxford/New York 2004.

Harms, Wolfgang (Hg.), *Deutsche illustrierte Flugblätter des 16. u. 17. Jahrhunderts*, Tübingen 1997.

Harter, Ursula, *Die Versuchungen des heiligen Antonius zwischen Religion und Wissenschaft. Flaubert – Moreau – Redon*, Berlin 1998.

Harvey, Ruth, *The Inward Wits. Psychological Theory in the Middle Ages and the Renaissance* (Warburg Institute Surveys, No. 6), London 1975.

Hayum, Andrée, *The Isenheim Altarpiece. God's Medicine and the Painter's Vision*, Princeton 1989.

Herzig, Tamar, »The Bestselling Demonologist. Heinrich Institoris's *Malleus maleficarum*«, in: Jan Machielsen, *The Science of Demons. Early Modern Authors Facing Witchcraft and the Devil*, London/New York 2020, S. 53-67.

Hieronymus, *In Hieremiam*, in: S. *Hieronymi presbyteri opera*, Teil I, 3, hg. v. S. Reiter (CCSL 74), Turnhout 1960.

Holländer, Hans, *Hieronymus Bosch. Weltbilder und Traumwerk*, Köln 1988.

– »Wunderbare und seltsame Sachen. Antonius und die Versuchungen der Malerei«, in: Christine Ivanovic, Jürgen Lehmann, Markus May (Hg.), *Phantastik – Kult oder Kultur*, Stuttgart 2003, S. 75-94.

Hron, Irna, Kita-Huber, Jadwiga, u. Schulte, Sanna (Hg.), *Leseszenen: Poetologie – Geschichte – Medialität*, Heidelberg 2020.

Hunter, Russ, »In the Sign of the Cross. Georges Méliès and Early Satanic Cinema«, in: Jeffrey Andrew Weinstock u. Regina M. Hansen (Hg.), *Giving the Devil His Due. Satan and Cinema*, New York 2021, S. 15-26.

Huysmans, Joris-Karl, *Les Grünewald du Musée de Colmar. Des primitifs au retable d'Issenheim*, Paris 1988.

Ilsink, Matthijs, Koldeweij, Jos, u. Spronk, Ron u. a. (Hg.), *Hieronymus Bosch. Maler und Zeichner. Catalogue Raisonné*, Stuttgart 2016.

Jacob-Friesen, Holger (Hg.), *Hans Baldung Grien: heilig | unheilig*, Berlin 2019.

Jacobus de Voragine, *Legenda aurea/Goldene Legende*, lat./dt., übs. u. komm. v. Bruno W. Häuptli, Freiburg i. Br. 2022.

Jager, Eric, *The Tempter's Voice. Language and the Fall in Medieval Literature*, Ithaca, NY 1993.

Janson, Horst W., *Apes and Ape Lore in the Middle Ages and the Renaissance*, London 1952.

Jennings, Margaret, »The Literary Career of the Recording Demon«, in: *Studies in Philology*, Vol. 74, No. 5 (1977), S. 1-95.

Jezler, Peter (Hg.), *Himmel, Hölle, Fegefeuer. Das Jenseits im Mittelalter*, Zürich 1994.

Kaiser Maximilians I Gebetsbuch mit Zeichnungen von Albrecht Dürer und anderen Künstlern, Wien/München 1903.

Kalleres, Dayna S., *Excorcising the Devil to Silence Christ's Enemies. Ritualized Speech Practices in Late Antique Christianity*, Diss., Brown University 2002.

Klemm, Tanja, *Bildphysiologie. Wahrnehmung und Körper in Mittelalter und Renaissance*, Berlin 2013.

Koep, Leo, *Das himmlische Buch in Antike und Christentum. Eine religionsgeschichtliche Untersuchung zur altchristlichen Bildsprache*, Bonn 1952.

Koerner, Joseph Leo, *Bosch & Bruegel. From Enemy Painting to Everyday Life*, Princeton/Oxford 2016.

– *Die Reformation des Bildes*, übs. v. Rita Seuß, München 2017.

Köppen, Klaus-Peter, *Die Auslegung der Versuchungsgeschichte unter besonderer Berücksichtigung der Alten Kirche*, Tübigen 1961.

Koreny, Fritz, u. Bartz, Gabriele (Hg.), *Hieronymus Bosch – Die Zeichnungen. Werkstatt und Nachfolge bis zum Ende des 16. Jahrhunderts*, Turnhout 2012.

Koschorke, Albrecht, *Körperströme und Schriftverkehr. Mediologie des 18. Jahrhunderts*, München 1999.

Kramer, Heinrich, [u. vll. Sprenger, Jakob] *Malleus maleficarum*. lat./engl., hg. u. übs. v. Christopher S. Mackay, Cambridge 2006. Deutsch: *Der Hexenhammer*, übs. v. Wolfgang Behringer, Günter Jerouschek u. Werner Tschacher, München 2000.

Kurze, Dietrich, »Häresie und Minderheit im Mittelalter«, in: *Historische Zeitschrift*, 229, 1 (1979), S. 529-573.

Lacarrière, Jacques, *Les hommes ivres de Dieu*, Paris 1983.

Largier, Niklaus, »Rhetorik des Begehrens. Die ›Unterscheidung der Geister‹ als Paradigma mittelalterlicher Subjektivität«, in: Martin Baisch, Jutta Eming, Henrikje Haufe u. a. (Hg.), Inszenierung von Subjektivität in der Literatur des Mittelalters, Königstein i. Ts. 2005, S. 249-270.

– *Die Kunst des Begehrens. Dekadenz, Sinnlichkeit und Askese*, München 2007.

– »Ästhetik der Disfiguration. Ein Essay zur Versuchung des Antonius durch die Dämonen«, in: Lars Friedrich, Eva Geulen, Kirk Wetters (Hg.), *Das Dämonische. Schicksale einer Kategorie der Zweideutigkeit nach Goethe*, Paderborn 2014, S. 43-52.

Lebensztejn, Jean-Claude, *Pygmalion*, übs. v. G. H. H., Berlin 2017.

Leclercq, Jean, »Saint Antoine dans la tradition monastique médiévale«, in: Basilius Steidle (Hg.), *Antonius magnus Eremita* (Studia Anselmiana, Bd. 38), Rom 1959, S. 229-247.

– *The Love of Learning and the Desire for God. A Study of Monastic Culture*, trans. by Catharine Misrahi, New York 1982.

Legenda breviarii, in: Noordeloos, Pieter, u. Halkin, François (Hg.), »Une histoire latine de S. Antoine. La ›Légende de Patras‹«, in: *Analecta Bollandiana*, Vol. 61 (1943), S. 211-250.

Leppin, Volker, »›Der alt böse Feind‹. Der Teufel in Martin Luthers Leben und Denken«, in: *Jahrbuch für biblische Theologie*, 26 (2011), S. 291-321.

– »Wie legt sich nach Luther die Schrift selbst aus? Luthers pneumatische Hermeneutik«, in: Stefan Alkier (Hg.), *Sola scriptura 1515-2017. Rekonstruktionen – Kritiken – Transformationen – Performanzen*, Tübingen 2019, S. 83-102.

Lilje, Hanns, *Martin Luther. Eine Bildmonographie*, Hamburg 1964.

Lubac, Henri du, *Exégèse Médiéval. Les Quatre Sens de l'Écriture*, Paris 1959.

Luther, Martin, *D. Martin Luthers Werke. Kritische Gesamtausgabe* (Weimarer Ausgabe), Weimar [Graz] 1883-2009.

Macalpine, Ida, u. Hunter, Richard A., *Schizophrenia 1677. A Psychiatric Study of an Autobiographical Record of Demoniacal Possession*, London 1957.

Madersbacher, Lukas, *Michael Pacher. Zwischen Zeiten und Räumen*, Berlin 2015.

Maggi, Armando, *Satan's Rhetoric. A Study of Renaissance Demonology*, Chicago/London 2001.

Makein, Sabine, *Die dämonische Frau im Werk von Félicien Rops*, unveröff. Diss., Universität Münster 1990.

Malquori, Alessandra, *Il giardino dell'anima. Ascesi e propaganda nelle Tebaidi fiorentine del Quattrocento*, Florenz 2012.

Marchi, Andrea G. De (Hg.), *Collezione Doria Pamphilj. Catalogo generale dei dipinti*, Mailand 2016.

Markschies, Christoph J., *Origenes und seine Erben. Gesammelte Studien*, Berlin/Boston 2007.

Marquard, Reiner, *Matthias Gründewald und der Isenheimer Altar. Erläuterungen – Erwägungen – Deutungen*, Stuttgart 1996.

Massing, Jean Michel, »Dürer's Dreams«, in: *Journal of the Warburg and Cortauld Institutes*, 49 (1986), S. 238-244.

– »Sicut erat in diebus Antonii: The Devils under the Bridge in the Tribulations of St. Antony by Hieronymus Bosch in Lisbon«, in: John Onians (Hg.), *Sight and Insight. Essays on Art and Culture in Honour of E. H. Gombrich at 85*, London 1994, S. 109-127.

– »Étude iconographique de l'Aggression de Saint Antoine de Grünewald«, in: ders.: *Studies in Imagery*, Bd. 1, London 2004, S. 363-391.

– »Schongauer, Bosch, Grünewald et les autres. De quelques Tribulations de saint Antoine et de leurs influences«, in: Ders., *Studies in Imagery*, Bd. 1, London 2004, S. 392-420.

Meiffret, Laurence, *Saint Antoine Eremite en Italie (1340-1540). Programmes Picturaux et Dévotion*, Rom 2004.

Meinecke, Gregor, *Heilige Schriften? Buch- und Schriftdarstellungen in der Malerei des Quattrocento*, unveröff. Masterarbeit, Universität Hamburg 2022.

Mischlewski, Adalbert, *Grundzüge der Geschichte des Antoniterordens bis zum Ausgang des 15. Jahrhunderts*, Köln 1976.

– »Soziale Aspekte der spätmittelalterlichen Antoniusverehrung«, in: Klaus Schreiner (Hg.), *Laienfrömmigkeit im späten Mittelalter*, München 1992, S. 137-156.

Montañes, Julio Gonzáles, *Titivillus. Il demone dei refusi*, übs. v. Roberto Russo, Perugia 2018.

Moser, Jakob, »Bookish Demons. Scriptural Temptations in the Late Medieval and Early Modern Iconography of St. Anthony«, in: *Zeitsprünge. Forschungen zur Frühen Neuzeit*, 26 (2022), S. 88-127.

Nakada, Asuka, Iiuzka, Takashi, u. Jingaoka, Megumi (Hg.), *Sacred and Secular. Israhel van Meckenem & Early German Engraving*, Tokyo 2016.

Narr, Sabine, *Die Legende als Kunstform. Victor Hugo, Gustave Flaubert, Emile Zola*, Paderborn 2010.

Nile, Tania De, »›Fantasmi notturni‹ dopo di Bosch. La nascita di un nuovo canone nelle tentazioni di Cornelis Saftleven e David Teniers II«, in: *Storia dell'arte*, 141 (2005), S. 99-119.

Oberman, Heiko A., *Luther. Mensch zwischen Gott und Teufel*, München 1986.

Origenes, *De principiis libri IV/Vier Bücher von den Prinzipien*, gr./lat./dt, hg. u. übs. v. Herwig Görgemanns und Heinrich Karpp, Darmstadt 1985.

Orr, Mary, *Flaubert's Tentation. Remapping Nineteenth-Century French Histories of Religion and Sience*, Oxford 2008.

Osborn, Max, *Die Teufelliteratur des XVI. Jahrhunderts*, Hildesheim 1893.

Otloh von St. Emmeram, *Liber de tentatione*, in: *Otholoni monachi St. Emmerammi opera omnia*, hg. v. Jacques-Paul Migne (PL 146), Paris 1884. Deutsch: *Das Buch von seinen Versuchungen. Eine geistliche Autobiographie aus dem 11. Jahrhundert*, eing. u. übs. v. Wilhelm Blum, Münster 1977.

Otten, Willemien, »The Bible and the Self in Medieval Autobiography. Otloh of St. Emmeram (1010-1070) and Peter Abelard (1075-1142)«, in: John McCarthy u. David Aune (Hg.), *The Whole and Divided Self. The Bible and Theological Anthropology*, New York 1997, S. 130-157.

Palladius von Helenopolis, *Historia Lausiaca/Geschichten aus dem frühen Mönchtum*, gr./dt., übs. u. komm. v. Adelheid Hübner, Freiburg i. Br. 2016.

Perger, Mischa von, »Wer pflückt die Rose? Beschriftete Heiligenscheine bei Martin Schongauer«, in: *Zeitschrift für Kunstgeschichte*, Bd. 65, Nr. 3 (2002), S. 400-420.

Platon, *Phaidros*, in: ders., *Werke in 8 Bänden*, gr./dt., übs. v. Friedrich Schleiermacher u. Dietrich Kurz, Bd. 5, Darmstadt 1981.

Pollmann, Karla, *Doctrina christiana. Untersuchungen zu den Anfängen der christlichen Hermeneutik unter besonderer Berücksichtigung von Augustinus: De doctrina christiana*, Freiburg 1996.

Pommeranz, Johannes, »Die Hölle und ihr Rachen. Gedanken zur Alltäglichkeit eines christlichen Bildmotivs«, in: Peggy Große, Ulrich Großmann u. ders. (Hg.), *Monster. Fantastische Bilderwelten zwischen Grauen und Komik*, Nürnberg 2015, S. 378-405.

Pongracz, Marion, *Dämonen und Dämonenkampf in der ägyptischen Wüste. Ursprung und Wesen der Dämonenvorstellungen der Wüstenväter des 4. bis 6. Jahrhunderts*, unveröff. Diss., Universität Wien 2003.

Ponticus, Evagrius, *Kephalaia Gnostika. A New Translation of the Unreformed Text from the Syriac*, übs. v. Ilaria L. E. Ramelli, Altlanta 2015.

– *Talking Back. A Monastic Handbook for Combating Demons*, übs. u. eing. v. David Brakke, Minnesota 2009.

– *Traité pratique ou le moin*, gr./fr., hg. u. übs. v. Antoine u. Claire Guillaumont, Bd. 2 (SCh 171), Paris 1971. Deutsch: *Der Praktikos*, komm. u. übs. von Gabriel Bunge, Beuron 2008.

Post, Jack, »Telescoping the Past Through the Present. Antoine Wirtz and Walter Benjamin's Philosophy of (Art)History«, in: *Image & Narrative*, Vol. 15, No. 5 (2014), S. 40-58.

Rapp, Claudia, »Desert, City, and Countryside in Early Christian Imagination«, in: Jitse Dijkstra u. Mathilde van Dijk (Hg.), *The Encroaching Desert. Egyptian Hagiography and the Medieval West*, Leiden/Boston 2005, S. 93-112.

Reale, Giovanni, »Il grande altare di Isenheim di Matthias Grünewald e il suo significato«, in: Giorgio Nonveiller (Hg.), *Estetica del sacro*, Padua 2008, S. 25-46.

Reik, Theodor, *Flaubert und seine ›Versuchungen des heiligen Antonius‹. Ein Beitrag zur Künstlerpsychologie*, Minden 1912.

Reudenbach, Bruno, »Der Codex als Verkörperung Christi. Mediengeschichtliche, theologische und ikonographische Aspekte einer Leitidee früher Evangelienbücher«, in: Joachim Friedrich Quack u. Daniela Christina Luft (Hg.), *Erscheinungsformen und Handhabungen Heiliger Schriften*, Berlin u. a. 2014, S. 229-244.

Richard, Jean-Pierre, »La création de la forme chez Flaubert«, in: ders., *Littérature et sensation*, Paris, S. 119-219.

Risatti, Rudi (Hg.), *Groteske Komödie in den Zeichnungen von Lodovico Ottavio Burnacini (1633-1707)*, Wien 2019.

Robertson, Duncan, *Lectio divina. The Medieval Experience of Reading*, Minnesota 2011.

Roger-Marx, Claude, »Les tentations de Saint Antoine«, in: *La Renaissance. Revue d'Art*, 53 (März-April 1936).

Rouget, Tim, *Filmische Leseszenen. Ausdruck und Wahrnehmung ästhetischer Erfahrung*, Berlin/Boston 2021.

Roos, Keith L., *The Devil in 16th Century German Literature. The Teufelsbücher*, Frankfurt a. M. 1972.

Root, Jerry, *The Theophilus Legend in Medieval Text and Image*, Cambridge 2017.

Rubenson, Samuel (Hg.), *The Letters of St. Anthony, Monasticism and the Making of a Saint*, Minneapolis 1990.

Ruppel, Wendy, »Salvation through Imitation. The Meaning of Bosch's Saint Jerome in the Wilderness«, in: *Simiolus. Netherlands Quarterly for the History of Art*, Vol. 18, No. 1/2 (1988), S. 4-12.

Russel, Jeffrey Burton, *Luzifer. The Devil in the Middle Ages*, Ithaca NY, 1984.

– *Mephistopheles. The Devil in the Modern World*, Ithaca/London 1986.

Russell, Helen Diane, *Religious Prints and Drawings by Jacques Callot*, unveröff. Diss., Johns Hopkins University 1970.

Ruusbroec, Jan van, *Vanden vier becoringhen*, 19. Text: *Opera omnia*, Bd. 10, fl./lat./engl., hg. v. Guido De Baere, übs. v. L. Surius u. A. Lefevere, Turnhout 1991.

Salmazo, Alberta de Nicolò, *Bernardino da Parenzo. Un pittore antiquario di fine Quattrocento*, Padua 1989.

Seznec, Jean, »Saint Antoine et les monstres. Essai sur les sources et de la signification du fantastique du Flaubert«, in: *Publications of the Modern Language Association*, Vol. 51, No. 1 (1943), S. 195-222.

– »Flaubert and the Graphic Arts«, in: *Journal of the Warburg and Courtauld Institutes*, Vol. 8 (1948), S. 175-190.

Schlosser, Marianne (Hg.), *Die Gabe der Unterscheidung. Texte aus zwei Jahrtausenden*, Würzburg 2008.

Schmidt, Sabine Maria, »Projektion und Phantasma. Max Ernsts *Versuchungen des heiligen Antonius* im Kontext seiner Entstehungsgeschichte«, in: Westheider u. Philipp (Hg.) *Schrecken und Lust*, S. 52-61.

Schoch, Rainer, Mende, Matthias, u. Scherbaum, Anna (Hg.), *Albrecht Dürer. Das druckgraphische Werk*, München 2001.

Schryver, Antoine De, *The Prayer Book of Charles the Bold. A Study of a Masterpiece of the Burgundian Court*, Los Angeles 2008.

Schulz-Wackerbarth, Yorick, »Die Wüste: Ort der Heilung – heiliger Ort? Stimmen aus dem christlichen Eremitentum«, in: Peter Gemeinhardt (Hg.), *Heilige, Heiliges und Heiligkeit in den spätantiken Religionskulturen*, Berlin u. a. 2012, S. 111-142.

Seipel, Wilfried (Hg.), *Pieter Breughel der Ältere – Jan Brueghel der Ältere. Flämische Malerei um 1600, Tradition und Fortschritt*, Lingen 1997.

Serarius, Nikolaus, *De Lutheri magistro, uti digito possis mostrari et dicier, hic est ad Lutheranos praedicantes* etc., Mainz 1604.

Severus, Sulpicius, *Vita sancti Martini/Das Leben des heiligen Martin*, lat./dt., übs. v. Gerlinde Huber-Rebenich, Stuttgart 2010.

Shakespeare, William, *The Merchant of Venice/Der Kaufmann von Venedig*, engl./dt., übs. v. Barbara Puschmann-Nalez, Stuttgart 1975.

Sigüenza, Fra José de, *Historia de la Orden de San Jéronimo* [1605], Madrid 1907.

Silver, Larry, *Hieronymus Bosch*, übs. v. Ingrid Hacker-Klier, München 2006.

Simonetti, Farida, u. Zanelli, Gianluca (Hg.), *Le tentazioni di sant'Antonio Abate. Arte e letteratura*, Mailand 2018.

Singer, Samuel (Hg.), *Thesaurus proverbiorum medii aevi. Lexikon des germanisch-romanischen Mittelalters*, Berlin/Boston 2010.

Smalley, Beryl, *The Study of the Bible in the Middle Ages*, Oxford 1952.

Solf, Sabine, *Festdekoration und Groteske. Der Wiener Bühnenbildner Lodovico Ottavio Burnacini. Inszenierung barocker Kunstvorstellung*, Baden-Baden 1975.

Sollors, Werner, *Schrift in bildender Kunst. Von ägyptischen Schreibern zu lesenden Madonnen*, Bielefeld 2020.

Spitz, Hans-Jörg, *Die Metaphorik des geistigen Schriftsinns. Ein Beitrag zur allegorischen Bibelauslegung des ersten christlichen Jahrtausends*, München 1972.

Springer, Carl P. E., »The Use of *Tentatio*: Satan, Luther, and Theological Maturation«, in: Gregor Thuswaldner u. Daniel Russ (Hg.), *The Hermeneutics of Hell. Visions and Representations of the Devil in World Literature*, Cham 2017, S. 27-46.

Stephens, Walter, *Demon Lovers. Witchcraft, Sex, and the Crisis of Belief*, Chicago 2002.

Stöferle, Dagmar, »Dämonen, Halluzinationen und der Traum der Erkenntnis. Flauberts *Tentation de saint Antoine*«, in: Susanne Goumegou u. Marie Guthmüller, *Traumwissen und Traumpoetik. Onirische Schreibweisen von der literarischen Moderne zur Gegenwart*, Würzburg 2011, S. 67-84.

Stoffels, Joseph, »Die Angriffe der Dämonen auf den Einsiedler Antonius. Ein Beitrag zur Geschichte der Mystik«, in: *Theologie und Glaube. Zeitschrift für den katholischen Klerus*, Zweiter Jahrgang (1910), S. 721-732 u. S. 809-830.

Stoichita, Victor I., *Der Pygmalion-Effekt. Trugbilder von Ovid bis Hitchcock*, übs. v. Ruth Herzmann, München 2011.

Strathmann, Ernest A. »The Devil Can Cite Scripture«, in: *Shakespeare Quarterly*, Vol. 15, No. 2 (1964), S. 17-23.

Summa, Gerd, *Geistliche Unterscheidung bei Johannes Cassian*, Würzburg 1992.

Swan, Laura, *The Forgotten Desert Mothers. Sayings, Lives, and Stories of Early Christian Women*, New York/Mahwah 2001.

Tasser, Eva, *Der Teufel mit dem Sündenregister und seine mittelalterlichen Darstellungsformen*, unveröff. Masterarbeit, Universität Innsbruck 2020.

Tertullian, *Apologia/Verteidigung des christlichen Glaubens*, übs. v. Tobias Georges, Freiburg i. Br. 2011.

Thomas, Thelma K., »The Honorific Mantle as Furnishing for the Household Memory in Late Antiquity. A Case Study from the Monastery of Apa Apollo at Bawit«, in: *Dumbarton Oaks Papers*, 73 (2019), S. 355-388.

Thomas von Aquin, *Opera omnia*, Bd. 1, *In quattuor libros Sententiarum*, hg. v. Roberto Bussa, Stuttgart 1980.

Thomas von Kempen, *Das Buch von der Nachfolge Christi*, übs. v. Johann Michael Sailer, Stuttgart 1950.

Traninger, Anita, »›Messieurs les démons, laissez-moi donc!‹ Das Sichtbare und das Sagbare in Flauberts *Tentation de saint Antoine*«, in: *Romanistisches Jahrbuch*, 69 (2018), S. 198-224.

Trebbin, Heinrich, *David Teniers und Sankt Antonius*, Frankfurt a. M. 1994.

Tristan, Frédérick, *Les tentations*, Poitiers 1981.

Ugloff, Lydia, »Drawings of Jacques Callot for the Tempations of St. Anthony«, in: *The Burlington Magazine for Conoisseurs* 67, No. 392 (1935), S. 220-224.

Uhrig, Sandra, *Die Versuchungen des Heiligen Antonius. Eine Vision des ausgehenden Mittelalters*, Diss., LMU München 1998.

Unverfehrt, Gerd, *Hieronymus Bosch: Die Rezeption seiner Kunst im frühen 16. Jahrhundert*, Berlin 1980.

Velhagen, Rudolf (Hg.), *Eremiten und Ermitagen in der Kunst vom 15. bis zum 20. Jahrhundert*, Basel 1993.

Vinken, Barbara, *Flaubert. Durchkreuzte Moderne*, Frankfurt a. M. 2009.

Vos, Nienke, »Demons Without and Within. The Representation of Demons, the Saint, and the Soul in Early Christian Lifes, Letters, and Sayings«, in: ders. u. Otten Willemien (Hg.), *Demons and the Devil in Ancient and Medieval Christianity*, Leiden 2011, S. 160-181.

Walker, Daniel Pickering, *Spiritual and Demonic Magic. From Ficino to Campanella*, University Park Pennsylvania 2000.

Walz, Angelus (Hg.), »Die ›Miracula beati Dominici‹ der Schwester Cäcilia«, in: *Miscellanea Pio Paschini. Studi di storia ecclesiastica*, 14, 1/4 (1948), S. 293-326.

Wazbinski, Zygmunt, *Bernardo da Parenzo. Un peintre vagabonde: Étude sur la fine du Quattrocento à Padue*, Venedig 1963.

Westheider, Ortrud, u. Philipp, Michael (Hg.), *Schrecken und Lust. Die Versuchungen des heiligen Antonius von Hieronymus Bosch bis Max Ernst*, München 2008.

Wildhaber, Robert, *Das Sündenregister auf der Kuhhaut* (FF Communications, Vol. 64, No. 163), Helsinki 1955.

Wilpert, Joseph, *Die römischen Mosaiken und Malereien kirchlicher Bauten vom IV.-XII. Jahrhundert*, Freiburg i. Br. 1916.

Winkler, Willi, *Luther. Ein deutscher Rebell*, Berlin 2016.

Wirth, Jean, »La démonologie de Bosch«, in: ders. u. Florian Rodari (Hg.), *Diables et diableries. La representation du diable dans la gravure des XVe XVIe siècles*, Genf 1977, S. 71-85.

Wolf, Norbert, *Albrecht Dürer*, München u. a. 2019.

Young, William S., *The Temptations of St. Anthony. The Autobiographic Interpretation of Gustave Flaubert's Novel by Félicien Rops, Fernand Khnopff and James Ensor*, unveröff. Masterarbeit, Lamar University 2000.

Bildnachweis

Abb. 1, 28, 29, 30, 32 & 33: Robin Fournier, *Vita et acta Antonii abbatis*, Ms. 1, fol. 6r, 21r, 23v, 24r, 45r., 51r. © The National Library of Malta, La Valetta.

Abb. 2: Bologneser Meister, *Vita Antonii abbatis*, fol. 3v. Antiquariat Dr. Jörn Günther, Hamburg (ursprünglich). Aus: Laura Fenelli, »Un manoscritto bolognese del primo Trecento. Testi e immagini per la costruzione dell'iconografia di un santo«, in: Rosa Alcoy (Hg.), *El Trecento en obres. Art de Catalunya i art d'Europa al segle XIV*, Barcelona 2009, S. 385-396, S. 387.

Abb. 3: Gebetsbuch, Ms. 219, fol. 246v. Walters Art Gallery, Baltimore. Creative Common.

Abb. 4: Martin Schongauer, *Antonius von Dämonen gepeinigt*. Metropolitan Museum of Art, New York. Wikimedia Commons.

Abb. 5: Matthias Grünewald, *Isenheimer Altar*. Musée Unterlinden, Colmar. Wikimedia Commons.

Abb. 6, 12 & 13: Hieronymus Bosch, *Lissaboner Triptychon*, Museu Nacional de Arte Antiga, Lissabon. Wikimedia Commons.

Abb. 7: Jan Brueghel d. Ä., *Versuchungen des hl. Antonius*. © Kunsthistorisches Museum Wien. Online: https://www.khm.at/objektdb/detail/335/.

Abb. 8: Israhel van Meckenem: *Antonius von Dämonen gequält*. Staatliche Graphische Sammlung München. Aus: Asuka Nakada, Takashi Iiuzka u. Megumi Jingaoka (Hg.), *Sacred and Secular. Israhel van Meckenem & Early German Engraving*, Tokyo 2016, S. 69.

Abb. 9: Gebetsbuch Karl des Kühnen, Ms. 37, fol. 33r. J. Paul Getty Museum, Los Angeles. Aus: Antoine de Schryver (Hg.), *Das Gebetsbuch Karl des Kühnen: Ms. 37.*, Bd. 2, Luzern 2007, S. 90.

Abb. 10 und S. 5: Bernardo Parentino, *Versuchungen des hl. Antonius.* Galleria Doria Pamphilj, Rom. Photothek, Kunsthistorisches Institut in Florenz – Max-Planck-Institut.

Abb. 11: Hieronymus Bosch: *Eremiten-Triptychon.* Gallerie dell'Academia, Venedig. Wikimedia Commons.

Abb. 14: Bosch-Nachfolge, *Antonius mit Monstern.* Sammlung F. van Lanschot Collection, 's-Hertogenbosch. Wikimedia Commons.

Abb. 15: Bosch-Nachfolge, *Versuchungen des hl. Antonius.* Chrysler Museum of Art, Norfolk, Virginia. Wikimedia Commons.

Abb. 16: Bosch-Nachfolge, *Versuchungen des hl. Antonius.* Museo del Prado, Madrid. Wikimedia Commons.

Abb. 17: Cornelis Saftleven, *Die Versuchungen des hl. Antonius.* Liechtenstein Museum, Fürstliche Sammlung, Wien. Aus: Ortrud Westheider u. Michael Philipp (Hg.), *Schrecken und Lust. Die Versuchungen des heiligen Antonius von Hieronymus Bosch bis Max Ernst*, München 2008, S. 139.

Abb. 18: Weltgerichtsaltärchen, vermutlich mittelrheinisch. Sammlung Heinz Kisters (ursprünglich). Aus: Peter Jezler (Hg.), *Himmel, Hölle, Fegefeuer. Das Jenseits im Mittelalter*, Zürich 1994, S. 342.

Abb. 19: Stundenbuch der Katharina von Kleve, Ms. 917, fol. 206. The Morgan Library, New York. Aus: Anne Margreet W. As-Vijvers (Hg.), *Das Stundenbuch der Katharina von Kleve*, übs. v. Beatrice von Bormann, Stuttgart 2009, S. 8.

Abb. 20: Diego della Cruz, *Schutzmantelmadonna mit spanischer Herrscherfamilie.* Kloster Las Huelgas, Burgos. Wikimedia Commons.

Abb. 21: Michael Pacher, *Kirchenväteraltar.* Alte Pinakothek, München. Wikimedia Commons.

Abb. 22: Jacobus de Teramo, *Litigatio Christi cum Belial,* 1461, fol. 132r. Bayrische Staatsbibliothek, München. Aus: Johannes Pommeranz, »Die Hölle und ihr Rachen. Gedanken zur Alltäglichkeit eines christlichen Bildmotivs«, in: Peggy Große, Ulrich Großmann u. ders. (Hg.), *Monster. Fantastische Bilderwelten zwischen Grauen und Komik*, Nürnberg 2015, S. 378-405, S. 378.

Abb. 23: Werkstatt von Hans Baldung Grien, *Hexensabbat*. Musées de de la Ville de Strasbourg, Cabinet des Estampes et des Dessins. Aus: Holger Jacob-Friesen (Hg.), *Hans Baldung Grien: heilig | unheilig*, Berlin 2019, S. 322.

Abb. 24: Illustration nach Christoph Haitzmann. *Trophaeum Mariano-Cellense*, Ms. 14086, fol. 3. Österreichische Nationalbibliothek Wien. Aus: Ida Macalpine u. Richard A. Hunter, *Schizophrenia 1677. A Psychiatric Study of an Autobiographical Record of Demoniacal Possession*, London 1957, S. 67.

Abb. 25: Psalter, Ms. Rawl. G. 185, fol. 81v. Bodlein Library, University of Oxford. Digital Bodlein Commons.

Abb. 26: Gebetsbuch von St. Truiden, Inv.-Nr. 75 A 2/4, fol. 85v. Koninklijke Bibliotheek, Den Haag. Aus: Westheider u. Philipp (Hg.), *Schrecken und Lust*, S. 191.

Abb. 27: Jacques Callot, *Versuchungen des hl. Antonius* (erste Version), Princeton University Art Museum, Princeton. Wikimedia Commons.

Abb. 28: Lodovico Ottavio Burnacini, *Versuchungen des hl. Antonius*. Theatermuseum, Wien. Aus: Rudi Risatti (Hg.), *Groteske Komödie in den Zeichnungen von Lodovico Ottavio Burnacini (1633-1707)*, Wien 2019, S. 138.

Abb. 32: Lodovico Ottavio Burnacini, *Tentacioni di S. Antonio*. Theatermuseum, Wien. Aus: Risatti (Hg.), *Groteske Komödie*, S. 134.

Abb. 35: Albrecht Dürer, *Dresdener Altar*. Staatliche Kunstsammlung Dresden. Wikimedia Commons.

Abb. 36: Albrecht Dürer, Randzeichnung für das Gebetsbuch Kaiser Maximilians, fol. 24v. Aus Faksimile: *Kaiser Maximilians I Gebetsbuch mit Zeichnungen von Albrecht Dürer und anderen Künstlern*, Wien/München 1903, S. 24.

Abb. 37: Albrecht Dürer, *Hl. Antonius vor der Stadt*. Metropolitan Museum of Art, New York. Wikimedia Commons.

Abb. 38: Lucas Cranach d. Ä., *Der hl. Antonius als Eremit*. Diözesanmuseum Biskupství Litoměřické. Wikimedia Commons.

Abb. 39: Joos van Craesbeeck, *Die Versuchungen des hl. Antonius*. Staatliche Kunsthalle Karlsruhe. Wikimedia Commons.

Abb. 40: Nikolaus Serarius, *De Lutheri magistro, uti digito possis mostrari et dicier, hic est ad Lutheranos praedicantes* etc., Mainz 1604, S. 323f. Das Bild wird im Archiv der Pitts Theology Library, Candler School of Theology (Emory University) online zur Verfügung gestellt: https://pitts.emory.edu/dia/image_details.cfm?ID=114275.

Abb. 41: Anonyme Satire auf Luthers Gegner (Murner, Emser, Papst Leo, Eck und Lemp). Wikimedia Commons.

Abb. 42: Tobias Stimmer, *Abzaichnus etlicher wolbedenklicher Bilder vom Römischen Abgotsdinst*. Aus: Wolfgang Harms (Hg.), *Deutsche illustrierte Flugblätter des 16. u. 17. Jahrhunderts*, Tübingen 1997, Bd. 7, S. 165.

Abb. 43: Pieter Brueghel d. J. (früher zugeschrieben), *Versuchungen des hl. Antonius*. Palazzo Spinola, Genua. Wikimedia Commons.

Abb. 44: Jacques Callot, *Versuchungen des hl. Antonius* (zweite Version). Cleveland Museum of Art, Ohio. Wikimedia Commons.

Abb. 45: Antoine Wiertz, *La liseuse de romans*. Musée Wiertz Museum, Ixelles. Wikimedia Commons.

Abb. 46: Félicien Rops, *Versuchungen des hl. Antonius*. Bibliothèque royale de Belgique, Cabinet des Estampes, Brüssel. Wikimedia Commons.

Abb. 47: Film-Stills: George Méliès, *La tentation de saint Antoine*. Wikimedia Commons.

Abb. 48: Fragmente: Eugène Pirou, *La tentation de saint Antoine*. © Bibliothèque Nacional de France, Paris: https://gallica.bnf.fr/ark:/12148/btv1b52506886f.item.

Abb. S. 249: Mikos Boskovits (Hg.), *Das Christliche Museum von Esztergom*, Budapest 1965, S. 169.

Bibliografische Information der Deutschen Nationalbibliothek

Die Deutsche Bibliothek verzeichnet diese Publikation in der Deutschen Nationalbibliografie; detaillierte bibliografische Daten sind im Internet über http://dnb.ddb.de abrufbar.

Bibliographic Information published by
Die Deutsche Nationalbibliothek

The Deutsche Bibliothek lists this publication in the Deutsche Nationalbibliografie; detailed bibliographic data are available on the Internet at http://dnb.ddb.de.

ISBN 978-3-98514-057-2

© Verlag Turia + Kant, Wien 2022

Cover: Bettina Kubanek, Visuelle Gestaltung, Berlin

VERLAG TURIA + KANT
A-1020 Wien, Leopoldsgasse 14
Büro Berlin: D-10827 Berlin, Crellestraße 14
info@turia.at | www.turia.at